차근차근 그래머 & 라이팅 3

Grammar
Writing

차근차근 그래머 & 라이팅 3

저자 | E2K
초판 1쇄 인쇄 | 2015년 8월 24일
초판 1쇄 발행 | 2015년 8월 31일

발행인 | 박효상
총괄이사 | 이종선
편집장 | 김현
기획 · 편집 | 박혜민
디자인 | 손정수
마케팅 | 이태호, 이전희
디지털콘텐츠 | 이지호
관리 | 김태옥

편집 | 강윤혜
디자인 | 신지아

종이 | 월드페이퍼
인쇄 · 제본 | 현문자현

출판등록 | 제10-1835호
발행처 | 사람in
주소 | 121-839 서울시 마포구 양화로11길 14-10(서교동) 4F
전화 | 02) 338-3555(代)   팩스 | 02) 338-3545
E-mail | saramin@netsgo.com
Homepage | www.saramin.com

:: 책값은 뒤표지에 있습니다.
:: 파본은 바꾸어 드립니다.

ⓒ Saramin 2015

ISBN 978-89-6049-422-0 13740
       978-89-6049-419-0 (set)

사람이 중심이 되는 세상, 세상과 소통하는 책 **사람in**

차근차근

그래머 &
Grammar

라이팅
Writing

E2K 지음

Preface 

영어 쓰기를 통해 문법이 완성된다!

영어를 챕터북이나 리더스 시리즈로 시작한 많은 아이들이 문장을 만들라고 하면 어떤 순서로 단어들을 나열할지 몰라 헤맵니다. 영어 책은 술술 읽고 뜻도 잘 이해하지만 하고 싶은 말을 제대로 못하는 언어적 한계에 부딪힌 것입니다. 이때부터 아이들은 점점 영어에 흥미를 잃고 영어는 어렵다고 여깁니다.

왜냐하면, 영어를 문자로 받아들이긴 잘했지만 **언어로 만들기 위한 방법은 모르기 때문입니다.** 이때 **영문법이 단어를 어떻게 알맞게 배열하여 문장을 만드는지 알려주는 길잡이**가 됩니다. 필수 문법 사항을 배우면, 알고 있는 단어들을 적재적소에 배열해 내 생각을 문장으로 쉽게 만들 수 있습니다. 언어로써 영어를 말하고 쓰는데 꼭 필요한 것이지요.

이 책은 **문장 안에서 단어의 위치와 쓰임을 보여주어 차근차근 영문법을 이해하도록 합니다.** 기본 문장들을 되도록 많이 읽게 하고 풍부한 그림으로 한눈에 뜻을 파악할 수 있게 했습니다. 어려운 문법 용어가 가득한 설명은 금방 잊기 쉽습니다. 하지만 **스스로 문법을 사용하고 원리를 터득하여 문법을 받아들이면 오래도록 내 것이 됩니다.**

이 책의 또 하나의 큰 특징은 **스스로 글을 쓰게 한다**는 것입니다. 먼저, 완성된 글을 읽으며 문장에 대한 감을 익히도록 합니다. 그리고 글을 들으며 빈칸을 채웁니다. 마지막으로 처음부터 끝까지 스스로 글을 완성하게 합니다. **〈완성된 글 읽어보기 → 빈칸을 채워 글 완성하기 → 한 편의 글을 직접 써보기〉**를 통해 그동안 배운 것을 충분히 활용해 볼 수 있습니다. 이런 글쓰기 훈련은 문법을 자연스럽게 체화하여 막힘없이 쓸 수 있는 힘을 길러 줍니다.

영어가 스트레스가 아닌 언어로 아이들에게 다가가게 하려고 고민했습니다. 재미있는 영어 동화책이나 애니메이션을 보고 싶어서 배우는 영어, 신나는 영어 노래를 부르고 싶어서 배우는 영어, 외국인 친구와 대화하기 위해 배우는 영어. 이 책이 그런 마음을 싹틔우는 씨앗이 되길 바랍니다.

2015년

E2K

Table of Contents

※ 정답은 **WORKBOOK** 32쪽에 있습니다.

How to Use This Book

1 개념 이해하기 문장을 직접 쓰기 위해서는 문장의 개념부터 알아야 합니다. 「차근차근 그래머&라이팅」에는 영어로 글을 쓰기 위해 꼭 필요한 36가지 필수 문법 사항을 쉬운 설명과 그림으로 실었습니다. 글쓰기에 앞서 문법에 대한 일반적인 쓰임과 내용을 쉽게 이해해 보세요.

2 듣고 따라 읽기 문법을 외우기만 한다면 금방 잊고 맙니다. 문법 요소가 자연스럽게 녹아 있는 대표 예시 문장과 짧은 글을 듣고 큰 소리로 따라 읽으세요. 원어민 음성이 담긴 MP3 파일을 활용해 여러 번 따라 읽다 보면 자연스럽게 문장 구조를 파악할 수 있습니다.

3 스스로 쓰기 앞에서 배운 필수 문법을 잘 알고 있다면 영어로 문장을 만들 수 있습니다. 먼저 원어민 음성으로 녹음된 글을 들으며 베껴 써 보세요. 문법 사항을 알고 있기 때문에 문장이 확실하게 들릴 거예요. 그리고 마지막으로 그동안 쌓은 문법 실력을 글쓰기에 활용해 보세요. 영어 문장 쓰기를 통해 영문법이 내 것이 됩니다.

Step1 Grammar Training Process
필수 문법 포인트를 자연스럽게 체득하는 단계

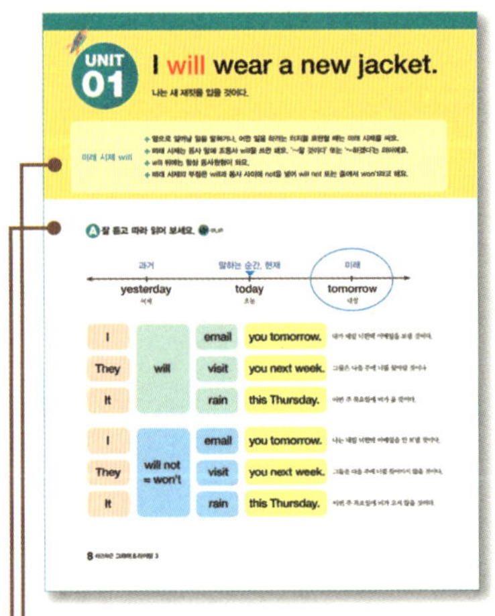

오늘의 필수 문법을 알기 쉽게 정리합니다.

Ⓐ 오늘의 필수 문법을 한눈에 이해하고, 원어민의 음성을 듣고 따라 읽으며 머리에 쏙쏙 채웁니다.

Ⓑ 원어민의 음성을 듣고 오늘의 필수 문법 문장을 따라 읽습니다. 자연스럽게 문장구조를 파악하여 글쓰기 기본기를 습득합니다.

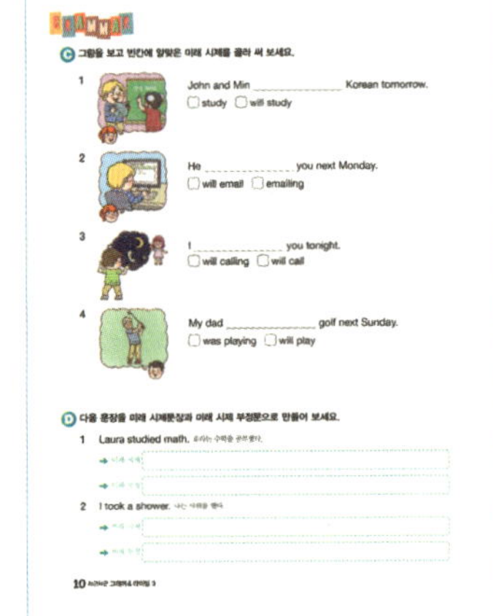

ⒸⒹ 오늘의 필수 문법을 이용해 문장을 완성합니다. 문법을 확실히 파악하고 문장으로 나타내는 연습을 합니다.

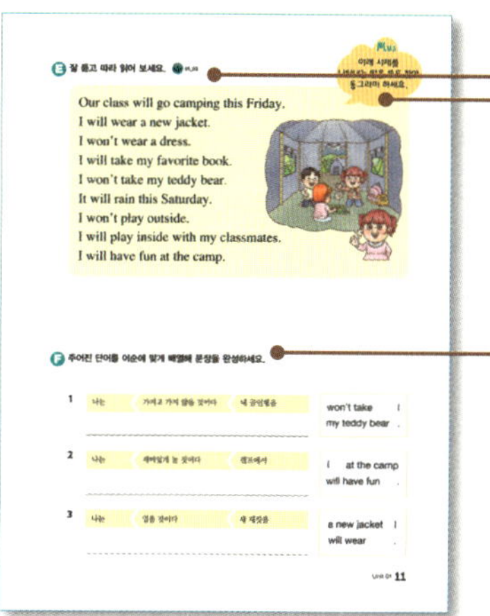

E 오늘의 필수 문법이 들어있는 글입니다. 원어민의 음성을 듣고 따라 읽으며 문장과 친숙해지고 글쓰기의 감을 익힙니다.

Plus 글에서 오늘의 필수 문법이 어디에 어떻게 쓰였는지 확인해 봅니다.

F 앞에서 배운 문법을 활용하여 스스로 문장을 만드는 훈련을 합니다.

Step2 Writing Training Process

필수 문법을 글쓰기에 적용하는 단계

G 원어민의 음성을 듣고 빈칸을 채우는 듣기와 쓰기 통합 활동입니다. 듣고 따라쓰며 재미있게 글을 완성하게 됩니다.

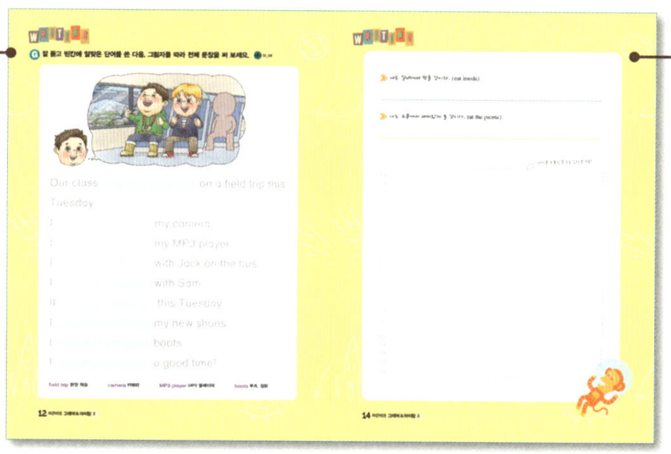

H 완성한 **G**의 글을 참고하여 쉽게 한 편의 글을 씁니다. 처음부터 끝까지 스스로 써보는 글쓰기는 문법을 완벽하게 마스터하게 합니다.

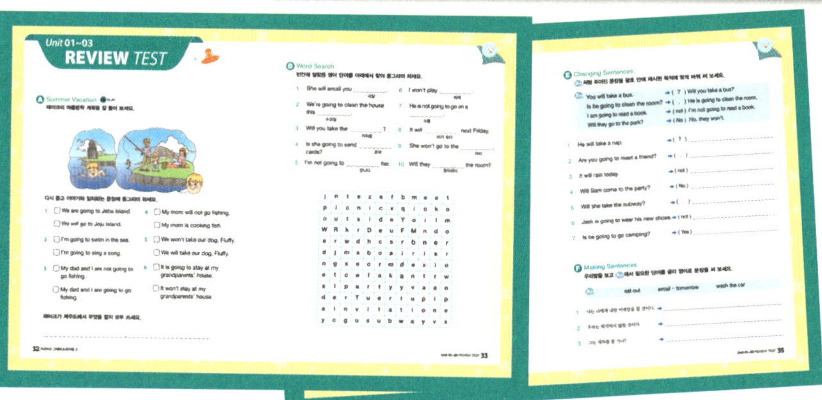

★ REVIEW TEST

3개 유닛이 끝날 때마다 앞에서 배운 필수 문법을 종합적으로 활용하여 재미있게 확인 학습합니다.

※ WORKBOOK으로 각 유닛을 공부한 후에 다시 한번 실력을 단단하게 다질 수 있습니다.

UNIT 01

I **will** wear a new jacket.

나는 새 재킷을 입을 것이다.

미래 시제 will

✚ 앞으로 일어날 일을 말하거나, 어떤 일을 하려는 의지를 표현할 때는 미래 시제를 써요.
✚ 미래 시제는 동사 앞에 조동사 will을 쓰면 돼요. '~할 것이다' 또는 '~하겠다'는 의미예요.
✚ will 뒤에는 항상 동사원형이 와요.
✚ 미래 시제의 부정은 will과 동사 사이에 not을 넣어 will not 또는 줄여서 won't라고 해요.

A 잘 듣고 따라 읽어 보세요. 🎧 01_01

과거	말하는 순간, 현재	미래
yesterday 어제	today 오늘	tomorrow 내일

I	will	email	you tomorrow.	내가 내일 너한테 이메일을 보낼 것이다.
They		visit	you next week.	그들은 다음 주에 너를 찾아갈 것이다.
It		rain	this Thursday.	이번 주 목요일에 비가 올 것이다.

I	will not = won't	email	you tomorrow.	나는 내일 너한테 이메일을 안 보낼 것이다.
They		visit	you next week.	그들은 다음 주에 너를 찾아가지 않을 것이다.
It		rain	this Thursday.	이번 주 목요일에 비가 오지 않을 것이다.

B 잘 듣고 세 번씩 따라 읽어 보세요. 🎧 01_02

1

I will wear a new jacket.

나는 새 재킷을 입을 것이다.

2

I won't wear a dress.

나는 원피스를 입지 않을 것이다.

3

I will take my favorite book.

나는 내가 가장 좋아하는 책을 가지고 갈 것이다.

4

I won't take my teddy bear.

나는 내 곰인형을 가져가지 않을 것이다.

5

It will rain on Saturday.

토요일에는 비가 올 것이다.

6

It won't snow on Monday.

월요일에는 눈이 오지 않을 것이다.

7

I will play inside with my classmates.

나는 우리 반 친구들과 안에서 놀 것이다.

8

I won't play outside.

나는 밖에서 놀지 않을 것이다.

9

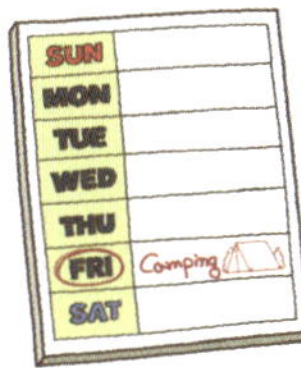

Our class will go camping this Friday.

우리 반은 이번 주 금요일에 캠핑을 갈 것이다.

10

I will have fun at the camp.

나는 캠프에서 재미있게 놀 것이다.

Words

wear 입다	favorite 가장 좋아하는	classmate 반 친구
new 새로운	teddy bear 곰인형	outside ~의 밖에, 밖에
jacket 재킷	rain 비가 오다, 비	go camping 야영 가다, 캠핑 가다
dress 원피스	snow 눈이 오다, 눈	have fun 재미있게 놀다
take 가지고 가다	inside ~의 안에, 안에	

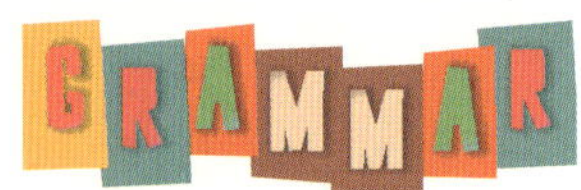

C 그림을 보고 빈칸에 알맞은 미래 시제를 골라 써 보세요.

1 John and Min ________________ Korean tomorrow.
☐ study ☐ will study

2 He ________________ you next Monday.
☐ will email ☐ emailing

3 I ________________ you tonight.
☐ will calling ☐ will call

4 My dad ________________ golf next Sunday.
☐ was playing ☐ will play

D 다음 문장을 미래 시제문장과 미래 시제 부정문으로 만들어 보세요.

1 Laura studied math. 로라는 수학을 공부했다.

➡ 미래 시제

➡ 미래 부정

2 I took a shower. 나는 샤워를 했다.

➡ 미래 시제

➡ 미래 부정

E 잘 듣고 따라 읽어 보세요.  01_03

Our class will go camping this Friday.
I will wear a new jacket.
I won't wear a dress.
I will take my favorite book.
I won't take my teddy bear.
It will rain this Saturday.
I won't play outside.
I will play inside with my classmates.
I will have fun at the camp.

F 주어진 단어를 어순에 맞게 배열해 문장을 완성하세요.

1 나는 | 가지고 가지 않을 것이다 | 내 곰인형을

won't take   I
my teddy bear .

____

2 나는 | 재미있게 놀 것이다 | 캠프에서

I   at the camp
will have fun   .

____

3 나는 | 입을 것이다 | 새 재킷을

a new jacket   I
will wear   .

____

G 잘 듣고 빈칸에 알맞은 단어를 쓴 다음, 그림자를 따라 전체 문장을 써 보세요. 🎧 01_04

Our class _________ _________ on a field trip this Tuesday.

I _________ _________ my camera.

I _________ _________ my MP3 player.

I _________ _________ with Jack on the bus.

I _________ _________ with Sam.

It _________ _________ this Tuesday.

I _________ _________ my new shoes.

I _________ _________ boots.

I _________ _________ a good time!

field trip 현장 학습   camera 카메라   MP3 player MP3 플레이어   boots 부츠, 장화

H 우리말을 참고하여 영어로 나의 소풍 계획에 대해 써 보세요.

소풍 계획

≫ 우리 반은 이번 수요일에 소풍을 갈 것이다. (go for a picnic)

____

≫ 나는 반바지를 입을 것이다. (wear shorts)

____

≫ 나는 치마를 입지 않을 것이다. (wear a skirt)

____

≫ 나는 샌드위치와 탄산음료를 좀 가져갈 것이다. (take)

____

≫ 나는 사탕은 가져가지 않을 것이다.

____

≫ 이번 수요일에 비가 올 것이다.

____

≫ 나는 바깥에서 먹지 않을 것이다. (eat outside)

____

>> 나는 실내에서 먹을 것이다. (eat inside)

____

>> 나는 소풍에서 재미있게 놀 것이다. (at the picnic)

____

다가올 소풍날 풍경을 그려 보세요!

전자기기

전화	휴대전화

telephone	**cell phone**
노트북 컴퓨터	카메라

laptop (computer)	**camera**
냉장고	전자레인지

refrigerator	**microwave**
오븐	세탁기

oven	**washing machine**

UNIT 02

I'm going to have a party next Saturday.

나는 다음 토요일에 파티를 할 것이다.

**미래 시제
be going to**

➕ 미래를 나타낼 때 be going to를 쓸 수도 있는데, 특히 이미 예정된 일을 말해요.

예 He **is going to** meet her next month. 그는 다음 달에 그녀를 만날 것이다.

➕ 이때 be동사는 주어에 따라 am, is, are 등으로 바뀌고, to 뒤에는 동사원형이 와요.

➕ 일어나지 않을 미래는 be not going to로 표현해요.

예 I **am not going to** meet him next week. 나는 그를 다음 주에 만나지 않을 것이다.

A 잘 듣고 따라 읽어 보세요. 🎧 02_01

I 나는	am going to clean 청소할 것이다	my room this Sunday. 이번 일요일에 내 방을
We 우리는	are going to eat out 외식할 것이다	tomorrow. 내일
She 그녀는	is going to go 갈 것이다	on a picnic next month. 다음 달에 소풍을

I 나는	am not going to clean 청소하지 않을 것이다	my room this Sunday. 이번 일요일에 내 방을
We 우리는	are not[aren't] going to eat out 외식을 하지 않을 것이다	tomorrow. 내일
She 그녀는	is not[isn't] going to go 가지 않을 것이다	on a picnic next month. 다음 달에 소풍을

B 잘 듣고 세 번씩 따라 읽어 보세요. 🎧 02_02

1 
I'm going to have a party next Saturday.
나는 다음 토요일에 파티를 할 것이다.

2 
I'm going to send invitation cards.
나는 초대장들을 보낼 것이다.

3 
I'm not going to invite many friends.
나는 친구들을 많이 초대하지는 않을 것이다.

4 

They are not going to eat out.
그들은 외식하지 않을 것이다.

5 
My grandmother is going to bake a cake.
우리 할머니가 케이크를 구우실 것이다.

6 
My mom and sister are going to cook food.
우리 엄마와 언니가 음식을 요리할 것이다.

7 
She's not going to cook food.
그녀는 음식을 요리하지 않을 것이다.

8 
My brother is not going to clean his room.
우리 오빠는 자기 방 청소를 안 할 것이다.

9 

My dad is going to decorate the house.
우리 아빠는 집을 꾸밀 것이다.

10 

It's going to be a great party!
대단한 파티가 될 것이다!

Words

have a party 파티[잔치]를 열다	bake a cake 케이크를 굽다
next Saturday 다음 주 토요일	cook food 음식을 요리하다
send 보내다	clean a room 방을 청소하다
invitation card 초대장	decorate 장식하다
invite 초대하다	great 대단한
eat out 외식하다	

Grammar Plus

am, are, is 등의 be동사는 원형이 be랍니다. 그래서 10번 문장에선 It's going to 뒤에 be가 온 것이죠.

It is a great party. 대단한 파티다.
+ be going to
→ It **is going to** be a great party. 대단한 파티가 될 것이다.

C 그림을 보고 빈칸에 알맞은 것을 골라 써 보세요.

1

She ___________________________ this evening.
☐ is going to study ☐ is going study

2

They ___________________________ tennis next month.
☐ going to play ☐ are going to play

3

I ___________________________ my room tomorrow.
☐ am going to clean ☐ are going to clean

4

Gina ___________________________ her grandfather next week.
☐ isn't going to visit ☐ isn't going to visited

D 다음 문장을 be going to를 사용해 미래 시제 문장과 미래 시제 부정문으로 만드세요.

1 My dad cooks food. 우리 아빠는 요리를 하신다.

➡ 미래 시제 :

➡ 미래 부정 :

2 You decorate the room. 너는 방을 꾸민다.

➡ 미래 시제 :

➡ 미래 부정 :

E 잘 듣고 따라 읽어 보세요. 🎧 02_03

My birthday is on June 7.
I'm going to have a party next Saturday.
I'm going to send invitation cards.
I'm not going to invite many friends.
My grandmother is going to bake a cake.
My dad is going to decorate the house.
My mom and sister are going to cook food.
It's going to be a great party!

F 주어진 단어를 어순에 맞게 배열해 문장을 완성하세요.

1

| 나의 아빠는 | 장식할 것이다 | 집을 |

| My dad   . |
| the house |
| is going to decorate |

____

2

| 나는 | 열 것이다 | 파티를 | 다음 토요일에 |

| am going to have |
| I   a party |
| next Saturday |

____

3

| 나는 | 초대하지 않을 것이다 | 많은 친구를 |

| am not going to invite |
| I   . |
| many friends |

____

G 잘 듣고 빈칸에 알맞은 단어를 쓴 다음, 그림자를 따라 전체 문장을 써 보세요.  02_04

My birthday is on December 2.

＿＿＿＿ ＿＿＿＿ ＿＿＿＿ ＿＿＿＿ a party tomorrow.

＿＿＿＿ ＿＿＿＿ ＿＿ ＿＿＿＿ friends.

I'm ＿＿＿ ＿＿＿＿ ＿＿＿ ＿＿＿＿ invitation cards.

My father ＿＿＿ ＿＿＿ ＿＿ ＿＿ ＿＿ me a

birthday cake.

My mother ＿＿＿ ＿＿＿ ＿＿＿ ＿＿＿ cookies.

My friends ＿＿＿ ＿＿＿ ＿＿＿ ＿＿＿ me

presents.

It's going to be a great party!

December 12월　　　birthday cake 생일 케이크　　　cookies 과자들　　　presents 선물들

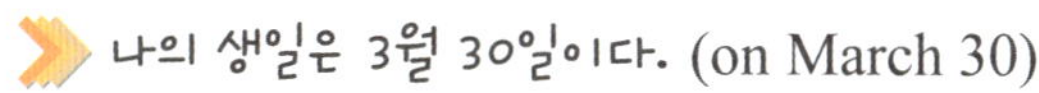

나의 생일 파티

➤ 나의 생일은 3월 30일이다. (on March 30)

➤ 나는 다음 일요일에 파티를 할 것이다. (next Sunday)

➤ 나는 친구들을 많이 초대하지는 않을 것이다. (invite)

➤ 우리 엄마는 음식을 요리할 것이다. (cook food)

➤ 우리 아빠는 내게 새 자전거를 사줄 것이다. (buy me a new bike)

➤ 우리 형과 누나는 집을 꾸밀 것이다. (decorare the house)

➤ 대단한 파티가 될 것이다!

내 생일 파티 풍경을 그려 보세요!

청소용구

빗자루 **broom**	쓰레받기 **dustpan**
대걸레 **mop**	진공청소기 **vacuum**
걸레 **rag**	먼지떨이 **duster**
삽 **shovel**	쓰레기통 **trash can**

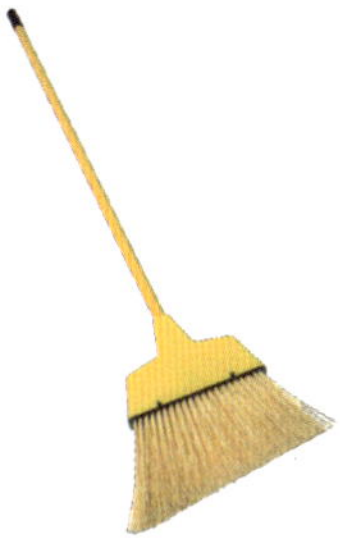

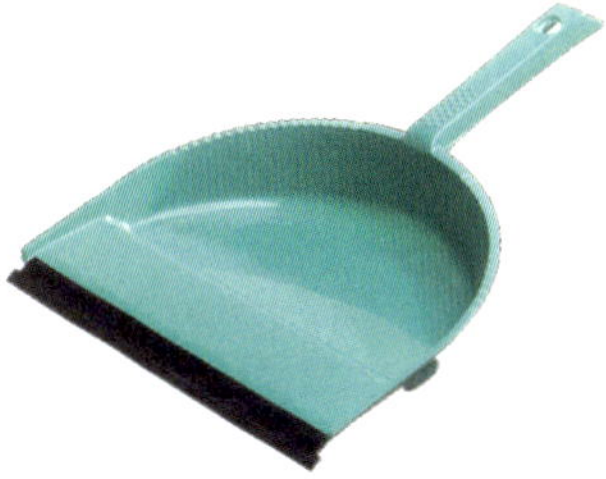

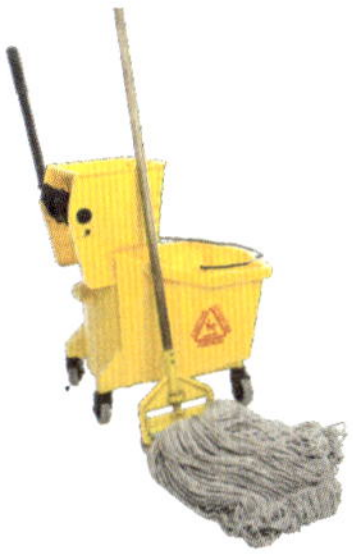

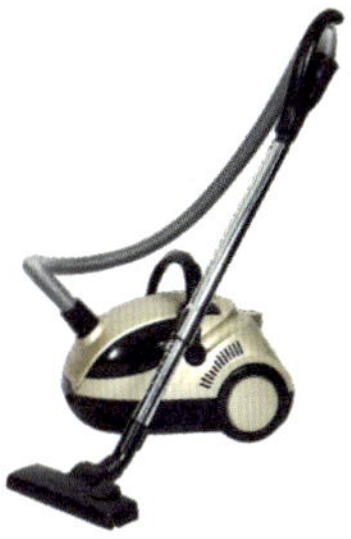

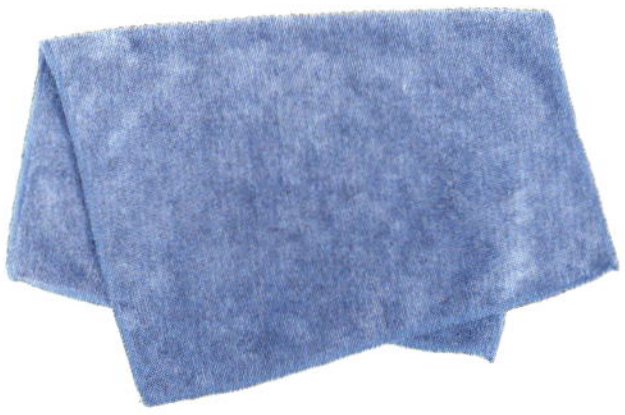

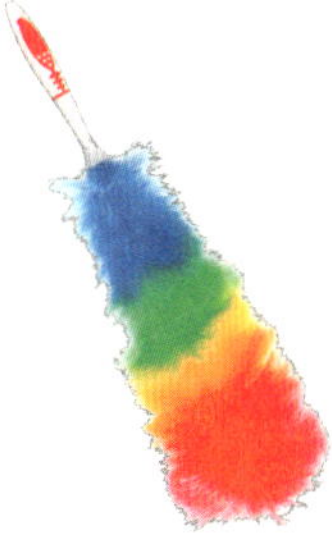

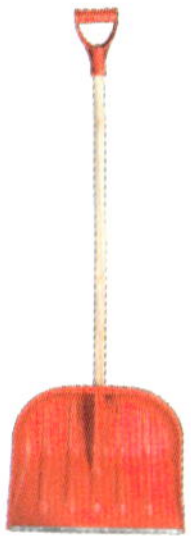

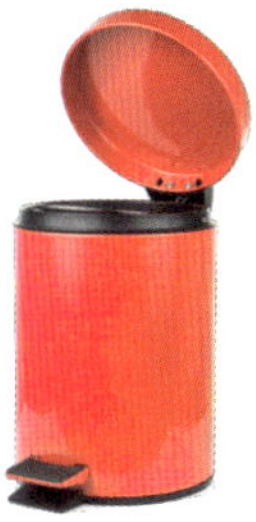

UNIT 03 — Will you take a bus?

너는 버스를 탈 거니?

 A 잘 듣고 따라 읽어 보세요. 03_01

will 의문문

Will you come to my party? 너는 내 파티에 올 거니?

Yes, I will. 응, 그럴 거야.

Will he go to the gym? 그는 헬스클럽에 갈 거니?

No, he will not. = No, he won't. 아니, 안 갈 거야.

be going to 의문문

Are you going to see the movie? 너는 영화 보러 갈 거니?

Yes, I am. 응, 그럴 거야.

Is she going to ride the subway? 그녀는 지하철을 탈 거니?

No, she isn't. = No, she's not. 아니, 안 탈 거야.

B 잘 듣고 세 번씩 따라 읽어 보세요. 🎧 03_02

1 

Will you take a bus?
- No, I won't.

너는 버스를 탈 거니?
– 아니, 안 탈 거야.

2 

Are you going to buy clothes?
- Yes, I am.

너는 옷을 살 거니?
– 응, 그럴 거야.

3 

Will she buy you new clothes?
- Yes, she will.

그녀가 네게 새 옷을 사줄까?
– 응, 그럴 거야.

4 

Are you going to meet a friend?
- No, I'm not.

너는 친구를 만날 거니?
– 아니, 그러지 않을 거야.

5 

Will they go to the park?
- No, they will not.

그들이 공원에 갈까?
– 아니, 그러지 않을 거야.

6 

Is he going to take a nap?
- Yes, he is.

그가 낮잠을 잘까?
– 응, 그럴 거야.

7 

Will he study today?
-Yes, he will.

그가 오늘 공부를 할까?
– 응, 그럴 거야.

8 

Is it going to rain today?
- No, it isn't.

오늘 비가 올까?
– 아니, 안 올 거야.

9 

Will Dave have a salad?
- No, he won't.

데이브가 샐러드를 먹을까?
– 아니, 안 먹을 거야.

10 

Are they going to wash the car?
- Yes, they are.

그들이 세차를 할까?
– 응, 그럴 거야.

Words

take a bus 버스를 타다
buy clothes 옷을 사다
new 새로운

meet 만나다
park 공원
take a nap 낮잠을 자다

salad 샐러드
wash a car 세차하다

C 그림을 보고 빈칸에 알맞는 것을 골라 질문과 대답을 완성하세요.

1

A: __________ she __________ a taxi?

☐ Will, takes ☐ Will, take

B: Yes, she __________.

☐ is ☐ will

2

A: __________ they going to have dinner?

☐ Are ☐ Is

B: No, they __________.

☐ aren't ☐ won't.

3

A: __________ you __________ to the gym?

☐ Are, go ☐ Will, go

B: No, ________________________.

☐ I'm not ☐ I won't

4

A: __________ he going to sleep well?

☐ Will ☐ Is

B: Yes, ________________________.

☐ he is ☐ he will

D 다음 문장을 의문문으로 만들고 그에 알맞은 대답을 쓰세요.

1 It is going to snow tonight. 오늘밤에 눈이 올 것이다.

➡ 의문문

➡ 대답   No,

2 He will come to the party tomorrow. 그는 내일 파티에 올 것이다.

➡ 의문문

➡ 대답   Yes,

E 잘 듣고 따라 읽어 보세요.  03_03

A: I'm going to go to the city tomorrow.
   I'm going to shop at the mall.
B: Will you take a bus?
A: No, I won't. I will take the subway.
B: Are you going to buy clothes?
A: Yes, I am. And I'm going to have lunch.
B: Are you going to meet a friend there?
A: No, I'm not. I'm going to meet my aunt.
B: Will she buy you new clothes?
A: Yes, she will.
B: You're lucky!

{ there 거기에(서) lucky 운 좋은, 행운의 }

F 주어진 단어를 어순에 맞게 배열해 문장을 완성하세요.

1 | 그녀가 사줄까? | 너에게 | 새 옷을 |

you   will she buy
new clothes   ?

____

2 | 너는 ~할 거니? | 만나다 | 너의 친구를 |

are you going to ?
your friend   meet

____

3 | 너는 ~ 할 거니? | 쇼핑하다 | 쇼핑몰에서 |

? are you going to
at the mall   shop

____

G 잘 듣고 빈칸에 알맞은 단어를 쓴 다음, 그림자를 따라 전체 문장을 써 보세요. 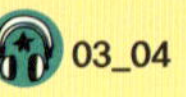 03_04

A I'm ______ ______ ______ to the city tomorrow.

I ______ ______ a movie.

B ______ you ______ the subway?

A No, ______ ______. I will ride a bike.

B ______ you ______ to ______ Mike?

A No, ______ ______. I'm going to meet Peter.

B ______ you ______ to ______ *Avengers 4*?

A Yes, ______ ______.

B ______ you ______ home after the movie?

A No, ______ ______. We will stop at a PC Room.

B That sounds like fun!

subway 지하철
ride a bike 자전거를 타다
after ~ 후에
stop at 들르다
That sounds like fun! 재미있겠다!

나의 내일 계획

▶ 나: 나는 내일 시내에 갈 거야. (go to the city)

▶ 친구: 버스를 탈 거니? (be going to take a bus)

▶ 나: 아니, 그러지 않을 거야. 난 택시를 탈 거야. (take a taxi)

▶ 친구: 만화책을 살 거니? (buy a comic book)

▶ 나: 아니, 그러지 않을 거야. 난 동화책을 살 거야. (buy a storybook)

▶ 친구: 문방구에 들를 거야? (stop at the stationery store)

▶ 나: 응, 그럴 거야. 난 필통을 살 거야. (buy a pencil case)

>> 친구: 너는 펜을 살 거니? (buy a pen)

____

>> 나: 아니, 그러지 않을 거야. 난 펜은 많아. (have many pens)

____

쇼핑할 물건들을 그려 보세요!

장소

공항

airport

지하철역

subway station

극장

theater

식당

restaurant

공원

park

놀이터

playground

헬스클럽

gym

경기장

stadium

REVIEW *TEST*

A Summer Vacation 03_05

제이크의 여름방학 계획을 잘 들어 보세요.

다시 듣고 이야기와 일치하는 문장에 동그라미 하세요.

1 ☐ We are going to Jebu Island.

   ☐ We will go to Jeju Island.

2 ☐ I'm going to swim in the sea.

   ☐ I'm going to sing a song.

3 ☐ My dad and I are not going to go fishing.

   ☐ My dad and I are going to go fishing.

4 ☐ My mom will not go fishing.

   ☐ My mom is cooking fish.

5 ☐ We won't take our dog, Fluffy.

   ☐ We will take our dog, Fluffy.

6 ☐ It is going to stay at my grandparents' house.

   ☐ It won't stay at my grandparents' house.

제이크가 제주도에서 무엇을 할지 모두 쓰세요.

_______________________, _______________________

B Word Search

빈칸에 알맞은 영어 단어를 아래에서 찾아 동그라미 하세요.

1 She will email you ___________ .
   내일

2 We're going to clean the house this ___________ .
   수요일

3 Will you take the ___________ ?
   지하철

4 Is she going to send ___________ cards?
   초대

5 I'm not going to ___________ her.
   만나다

6 I won't play ___________ .
   밖에

7 He is not going to go on a ___________ .
   소풍

8 It will ___________ next Friday.
   비가 오다

9 She won't go to the ___________ .
   파티

10 Will they ___________ the room?
   장식하다

j	n	t	e	z	e	f	b	m	e	e	t
p	i	c	n	i	c	x	q	i	o	k	o
o	u	t	s	i	d	e	Y	o	i	l	m
W	R	k	r	D	e	u	F	M	n	d	o
e	r	w	d	h	c	s	r	b	n	e	r
d	j	m	s	b	o	a	i	r	i	s	r
n	g	x	e	o	r	m	d	e	x	i	o
e	t	c	e	f	a	k	a	n	t	r	w
s	l	p	a	r	t	y	y	v	a	a	o
d	e	r	T	u	e	r	t	u	p	i	p
a	i	n	v	i	t	a	t	i	o	n	e
y	c	g	u	s	u	b	w	a	y	v	x

C Complete

우리말 뜻과 같도록 빈칸에 알맞은 단어를 보기 에서 찾아 문장을 완성하세요.

1 You ＿＿＿＿＿＿ ＿＿＿＿＿＿ a bus. 너는 버스를 탈 것이다.

2 Are they ＿＿＿＿＿ to ＿＿＿＿＿ the movie? 그들이 영화를 볼거니?

3 ＿＿＿＿＿ you ＿＿＿＿＿ home after lunch? 너는 점심 후에 집에 올거니?

4 He ＿＿＿＿＿ ＿＿＿＿＿ boots. 그는 부츠를 신지 않을 것이다.

보기			
take	won't	will	going
wear	come	see	will

D Question & Answer

현장 학습날 무엇을 가져갈 것인지 묻고 답하세요.

1   Q Will you take a notebook?

   A ＿＿＿＿, I ＿＿＿＿.

2   Q Are ＿＿＿＿ ＿＿＿＿ to wear boots?

   A ＿＿＿＿, I ＿＿＿＿.

3   Q ＿＿＿＿ you take a teddy bear?

   A ＿＿＿＿, I ＿＿＿＿.

4   Q ＿＿＿＿ they ＿＿＿＿ to take a camera?

   A ＿＿＿＿, they ＿＿＿＿.

E Changing Sentences

보기처럼 주어진 문장을 괄호 안에 제시된 목적에 맞게 바꿔 써 보세요.

보기
You will take a bus. ➡ (?) Will you take a bus?
Is he going to clean the room? ➡ (.) He is going to clean the room.
I am going to read a book. ➡ (not) I'm not going to read a book.
Will they go to the park? ➡ (No) No, they won't.

1 He will take a nap. ➡ (?) ___________________________

2 Are you going to meet a friend? ➡ (.) ___________________________

3 It will rain today. ➡ (not) ___________________________

4 Will Sam come to the party? ➡ (No) ___________________________

5 Will she take the subway? ➡ (.) ___________________________

6 Jack is going to wear his new shoes. ➡ (not) ___________________________

7 Is he going to go camping? ➡ (Yes) ___________________________

F Making Sentences

우리말을 보고 보기에서 필요한 단어를 골라 영어로 문장을 써 보세요.

보기
eat out   email – tomorrow   wash the car

1 나는 너에게 내일 이메일을 할 것이다. ➡ ___________________________

2 우리는 외식하지 않을 것이다. ➡ ___________________________

3 그는 세차를 할 거니? ➡ ___________________________

The math contest is on March 15.

수학 경시 대회가 3월 15일에 있다.

시간 전치사

✚ 계절이나 월, 연도처럼 긴 기간 앞에는 in을, 요일이나 날짜 앞에는 on을, 시점이나 짧은 시간 앞에는 at을 써요.

✚ '～까지'라는 뜻의 전치사에는 by와 until(=till)이 있어요. 어느 시점에 행동이 끝날 때는 by를, 동작이 계속될 때는 until이나 till을 쓴답니다.

✚ 어느 시점 '전에'는 before로, '후에'는 after로 표현해요. 어떤 일이 일어나는 기간을 나타내는 '～동안'은 for와 during을 써요.

A 잘 듣고 따라 읽어 보세요. 04_01

in + 월, 연도, 계절

in April 4월에
in 2015 2015년에
in the summer 여름에

on + 요일, 날짜, 특정한 날

on Monday 월요일에
on June 21 6월 21일에
on New Year's Day 새해 첫 날에

at + 시간

at 11 o'clock 11시에
at 7:30 p.m. 오후 7시 30분에
at noon 정오에

by : ～까지 (완료)

by 3 o'clock 3시까지

until/till : ～까지 (계속)

until/till next Tuesday 다음 주 화요일까지
until/till midnight 자정까지

before : ～전에

before lunch 점심시간 전에

after : ～후에

after the exam 시험 후에

for + 수 : ～동안

for two years 2년 동안

during + 명사 : ～동안, 내내, 중에

during the class 수업시간 동안

B 잘 듣고 세 번씩 따라 읽어 보세요. 🎧 04_02

1 
The math contest is on March 15.
수학 경시 대회가 3월 15일에 있다.

2 
The Winter Olympics is in 2018.
동계 올림픽은 2018년도에 있다.

3 
I went to the library at 3:30.
나는 3시 30분에 도서관에 갔다.

4 
I studied there until 5 o'clock.
나는 5시까지 거기서 공부했다.

5 
I will stay here until next Sunday.
나는 다음 일요일까지 여기에 머무를 것이다.

6 
They played soccer till noon.
그들은 정오까지 축구를 했다.

7 
I studied for two months.
나는 두 달 동안 공부했다.

8 
I thought about the math contest during dinner.
나는 저녁식사 동안 수학 경시 대회를 생각했다.

9 
I studied it before going to school.
나는 학교에 가기 전에 그것을 공부했다.

10 
Every day after school, she went to the park.
매일 방과 후에, 그녀는 공원에 갔다.

Words

math contest 수학 경시 대회
The Winter Olympics 동계 올림픽
library 도서관
stay 머무르다

play soccer 축구를 하다
noon 정오 (낮 12시)
thought 생각했다 (think의 과거)

dinner 저녁식사
every day 매일, 날마다
park 공원

C 그림을 보고 빈칸에 알맞은 전치사를 골라 써 보세요.

1. I played the violin ____________ three years.
   ☐ by ☐ for

2. Wendy will go to the library ____________ school.
   ☐ until ☐ after

3. They watched TV ____________ lunch.
   ☐ during ☐ on

4. My birthday is ____________ December 3.
   ☐ on ☐ in

D 보기에서 빈칸에 알맞은 전치사를 고른 다음, 전체 문장을 써 보세요.

보기	until	at	in

1. I was born ____________ 2005.
   ➡

2. My brother studied for the exam ____________ 11 p.m.
   ➡

3. They're going to meet her ____________ 4:30.
   ➡

The math contest is on March 15.
James studied for the contest for two months.
He woke up at 6 o'clock every day.
He studied it before going to school.
Every day after school, James went to the library.
He studied there until 5 o'clock.
James came home and had dinner.
He thought about math during dinner.
James wants to win the first prize.

{ win the first prize 1등상을 타다 }

F 주어진 단어를 어순에 맞게 배열해 문장을 완성하세요.

1

| 수학 경시 대회는 | 있다 | 3월 15일에 |

the math contest on March 15 . is

____

2

| 그는 | 공부했다 | 거기에서 | 5시까지 |

he there studied until 5 o'clock .

____

3

| 그는 | 공부했다 | 그것을 | 학교 가기 전에 |

studied he it before going to school .

____

G 잘 듣고 빈칸에 알맞은 단어를 쓴 다음, 그림자를 따라 전체 문장을 써 보세요. 04_04

The English Speech Contest is   August.

Sonia prepared for the contest   three

weeks.

She woke up   7 o'clock every day.

She practiced her speech   8 o'clock.

Every day   school, Sonia went to the

English Institute.

She studied English there   4:30.

She talked about the speech   dinner.

Sonia wants to win the first prize.

English Speech Contest 영어 말하기 대회	**wake up** 일어나다	**talk about** ~에 대해 이야기하다
prepare for ~을 준비하다	**practice** 연습하다	**speech** 연설
week 주, 일주일	**English institute** 영어학원	

나의 피아노 경연 대회 준비

- 피아노 경연 대회가 10월 10일에 있다. (October 10)

- 나는 넉 달 동안 그 대회를 준비했다.

- 나는 매일 6시 30분에 일어났다.

- 나는 학교를 가기 전에 피아노를 쳤다. (played the piano)

- 매일 방과 후, 나는 피아노 학원에 갔다. (the piano institute)

- 나는 거기서 5시까지 피아노를 연습했다. (practiced the piano)

- 나는 저녁식사 동안 피아노 연주곡을 들었다. (listened to piano music)

>> 나는 1등상을 타고 싶다.

피아노 경연 대회날을 그려 보세요!

악기

피아노

piano

바이올린

violin

첼로

cello

플루트

flute

기타

guitar

드럼

drum

색소폰

saxophone

트럼펫

trumpet

UNIT 05

The bank is next to the police station.

은행은 경찰서 옆에 있다.

장소 전치사

+ 장소(~에)를 나타내는 전치사에는 at과 in이 있어요.
+ 위치를 표현할 때는 in(~ 안에), on(~ 위에), under(~ 아래에), in front of(~ 앞에), behind(~ 뒤에), next to(~ 옆에), between(~ 사이에), above(~ 보다 위에) 같은 전치사들을 이용할 수 있어요.
+ from(~에서부터), to(~로), up(~ 위로), down(~ 아래로) 같은 전치사들은 어떤 방향으로의 움직임을 표현할 때 사용해요.

A 잘 듣고 따라 읽어 보세요. 05_01

좁은 지역, 지점	넓은 지역
at home 집에 **at** school 학교에서	**in** Korea 한국에서 **in** Seoul 서울에서

위치

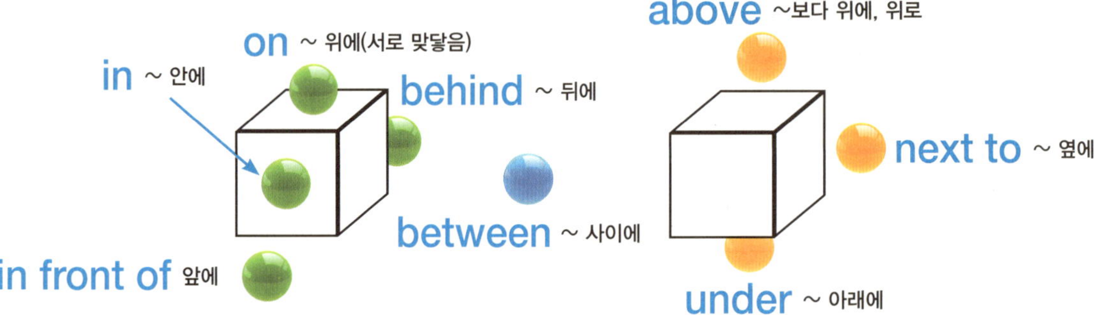

방향

to ~까지, ~로 from ~에서, ~로부터	**I went to school from home.** 나는 집에서 학교로 갔다.
up ~ 위로, ~ 위에 down ~ 아래로, ~ 아래에	**The mouse goes up and down the tree.** 그 생쥐는 나무 위아래로 다닌다.

B 잘 듣고 세 번씩 따라 읽어 보세요. 🎧 05_02

1

I live in Seoul, Korea.
나는 한국, 서울에 산다.

2

I am at my house.
나는 집에 있다.

3

My house is in front of the supermarket.
우리 집은 슈퍼마켓 앞에 있다.

4

The bird is on the police car.
새가 경찰차 위에 있다.

5

The school is between my house and the park.
학교는 우리 집과 공원 사이에 있다.

6

I am sitting under the tree.
나는 나무 아래에 앉아 있다.

7

The bank is next to the police station.
은행은 경찰서 옆에 있다.

8

The police station is behind the school.
경찰서는 학교 뒤에 있다.

9

She came from Paris.
그녀는 파리에서 왔다.

10
The man fell down the stairs.
그 남자는 계단 아래로 넘어졌다.

Words

live 살다
supermarket 슈퍼마켓
bird 새
police car 경찰차

park 공원
sit 앉다
bank 은행
police station 경찰서

Paris 파리 (프랑스의 수도)
fall 떨어지다, 넘어지다
stairs 계단 (stair는 계단의 '단' 하나를 가리킴)

C 그림을 보고 빈칸에 알맞은 전치사를 골라 써 보세요.

1 The airplane is ___________ the school.
☐ above ☐ between

2 Jeff lives ___________ New York.
☐ on ☐ in

3 The bank is ___________ the bookstore.
☐ in front of ☐ next to

4 The monkey is going ___________ the tree.
☐ from ☐ up

D 괄호 안에서 알맞은 전치사를 골라 문장을 써 보세요.

1 The books are (up / on) the desk. 책들이 책상 위에 있다.
➜ ____

2 The police station is (behind / under) the bank. 경찰서는 은행 뒤에 있다.
➜ ____

3 Birds fly to China (from / next to) Japan. 새들은 일본에서 중국까지 날아간다.
➜ ____

4 My family is (at / above) home. 우리 가족은 집에 있다.
➜ ____

E 잘 듣고 따라 읽어 보세요. 🎧 05_03

I live in Seoul, Korea.

I am at my house. I am sitting under a tree.

There are many buildings in our town.

My house is in front of the supermarket.

The school is between my house and the park.

The police station is behind the school.

The bank is next to the police station.

There is a police car in front of
the police station.

A bird is on the police car.

I like my town very much.

F 주어진 단어를 어순에 맞게 배열해 문장을 완성하세요.

1　나는　〉　산다　〉　한국, 서울에

live　　　　　I
in Seoul, Korea　.

____

2　우리 집은　〉　있다　〉　～ 앞에　〉　슈퍼마켓

is　　my house
in front of　　.
the supermarket

____

3　나는　〉　앉아 있다　〉　나무 아래에

under a tree　　I
am sitting　　.

____

G 잘 듣고 빈칸에 알맞은 단어를 쓴 다음, 그림자를 따라 전체 문장을 써 보세요.  05_04

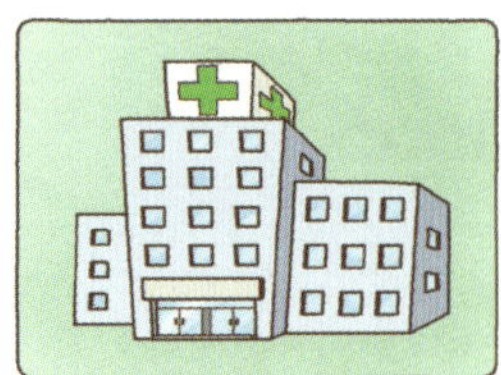  

Wumin lives   LA, America.

He's   his school. He is sitting   the bench.

There are many buildings   his town.

His school is   the library. The library is   the bakery and the fire station.

The fire station is   the post office. The hospital is   his school.

There is a fire engine   the fire station.

He likes his town very much.

bakery 제과점   fire station 소방서   post office 우체국   hospital 병원

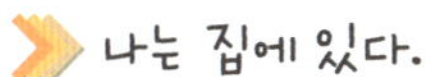

» 나는 중국, 베이징에 산다. (Beijing, China)

____

» 나는 집에 있다.

____

» 나는 집 앞에 서 있다. (standing)

____

» 우리 집은 공원과 서점 사이에 있다. (the park and the bookstore)

____

» 경찰서는 공원 뒤에 있다. (the police station)

____

» 우체국은 경찰서 옆에 있다. (the post office)

____

» 서점은 은행 앞에 있다. (the bank)

____

우리 동네를 그려 보세요!

식물

나무

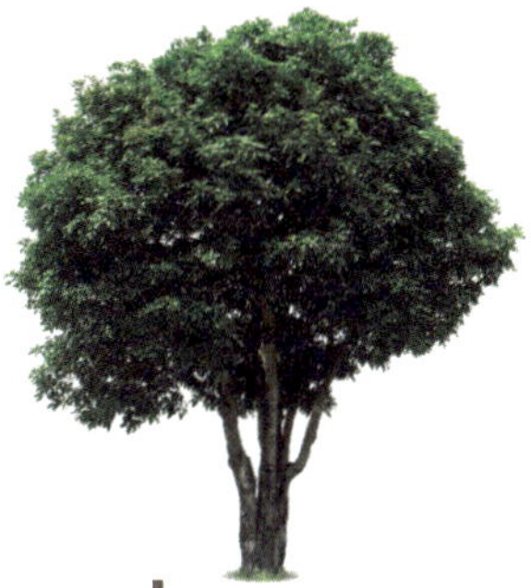

tree

꽃

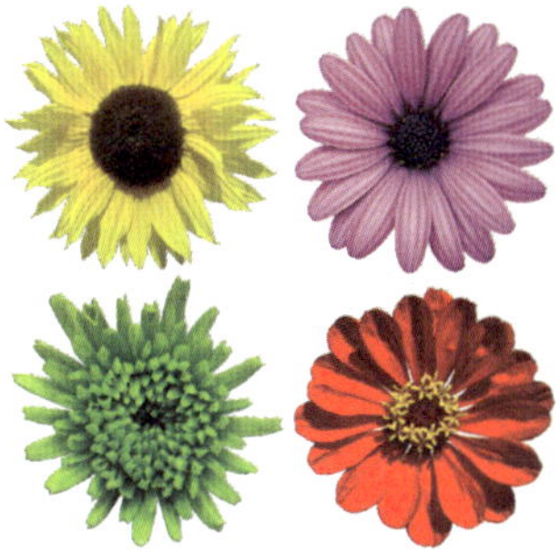

flower

장미

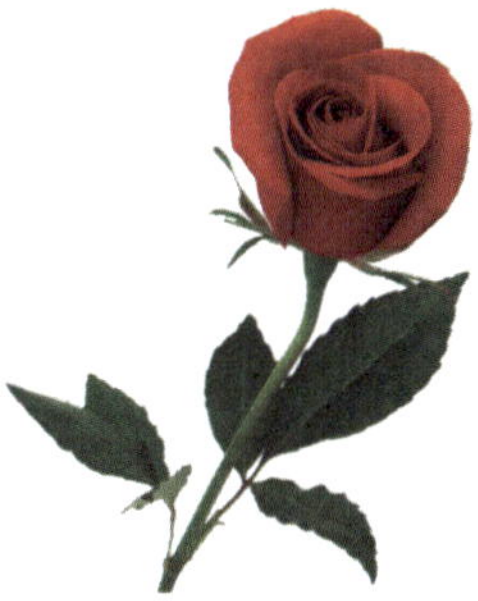

rose

백합

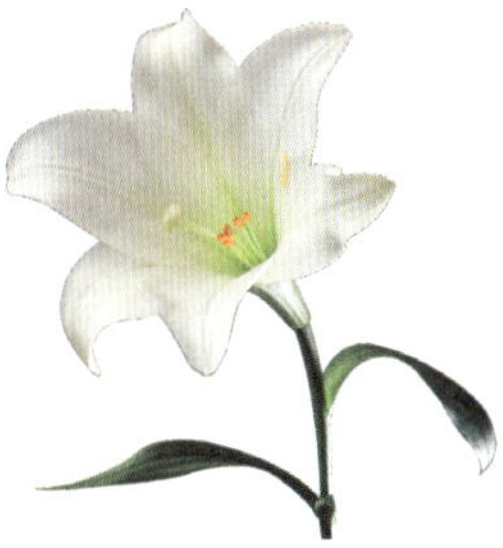

lily

해바라기

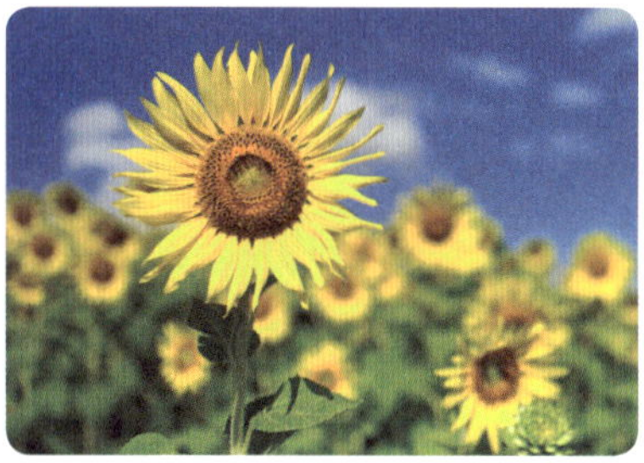

sunflower

벚꽃

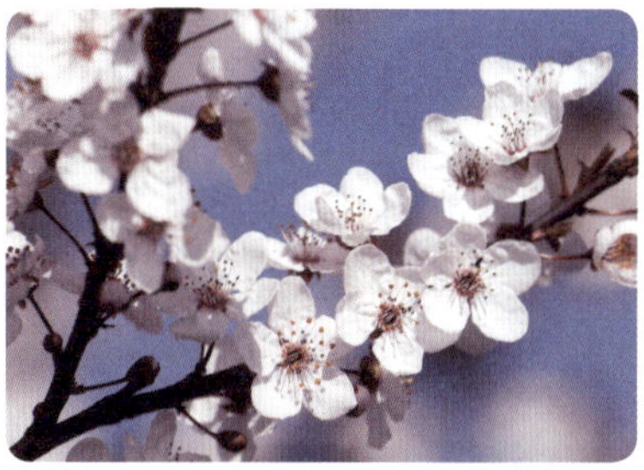

cherry blossom

잔디, 풀

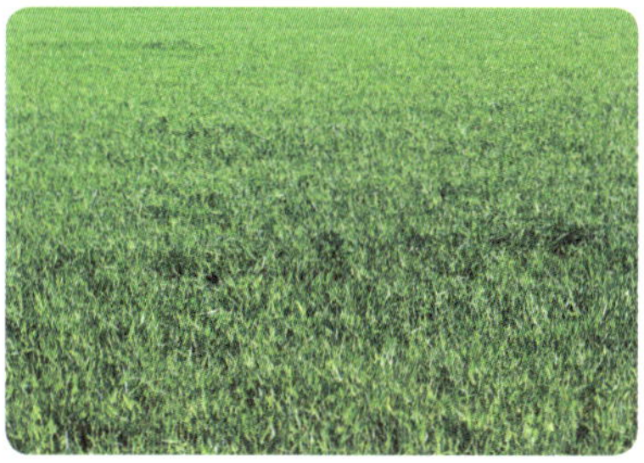

grass

나뭇잎

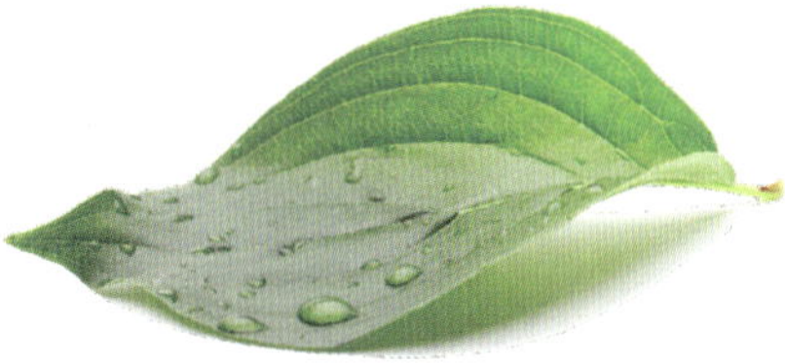

leaf

UNIT 06 She speaks very quickly.

그녀는 매우 빠르게 말한다.

부사

+ 형용사는 명사를 꾸며주죠? 부사는 명사 빼곤 다 꾸며줄 수 있어서 동사, 형용사, 다른 부사를 더 자세하게 설명해주는 역할을 해요.
+ very(매우, 아주), well(잘, 좋게, 제대로), too(너무), hard(열심히, 힘들게), so(매우)처럼 원래 부사인 것들도 있지만, really처럼 형용사에 –ly를 붙인 형태가 많아요.

예 slow + **ly** = slow**ly** 천천히   easy+**ly** = eas**ily** 쉽게   real+**ly** =real**ly** 정말

A 잘 듣고 따라 읽어 보세요. 06_01

early 일찍	**She wakes up early in the morning.** 그녀는 아침에 일찍 일어난다. 동사
slowly 천천히	**He slowly opened the door.** 그는 문을 천천히 열었다. 동사
so 매우	**The boy looks so angry.** 남자아이는 매우 화가 나 보인다. 형용사
really 정말, 진짜로	**Jane is a really nice girl.** 제인은 진짜로 착한 여자아이다. 형용사
very 아주, 매우	**I drew the picture very beautifully.** 나는 아주 아름답게 그림을 그렸다. 부사
too 너무	**You speak too quickly.** 너는 너무 빠르게 말한다. 부사

B 잘 듣고 세 번씩 따라 읽어 보세요. 🎧 06_02

1 
He smiles very nicely.
그는 아주 다정하게 미소를 짓는다.

2 
Mrs. Lee walks slowly.
이 여사님은 천천히 걷는다.

3 
She speaks very quickly.
그녀는 매우 **빠르게** 말한다.

4 
David is a really funny boy.
데이빗은 진짜로 재미있는 남자아이다.

5 
Susan looks so lovely.
수잔은 매우 사랑스러워 보인다.

6 
She can bake chocolate cookies well.
그녀는 초콜릿 과자를 잘 구울 수 있다.

7 
My neighbors are very kind people.
나의 이웃들은 아주 착한 사람들이다.

8 

It's too late.
너무 늦었다.

9 
She carefully opened the box.
그녀는 상자를 조심스럽게 열었다.

10 
I cooked ramen so easily.
나는 라면을 매우 쉽게 끓였다.

Words

smile 미소 짓다	funny 재미있는, 웃긴	kind 착한, 친절한
nicely 다정하게, 친절하게	lovely 사랑스러운 (-ly로 끝나지만 부사가 아니라 형용사)	late 늦은
walk 걷다	bake 굽다	carefully 조심스럽게
quickly 빨리, 빠르게	well 잘	easily 쉽게

C 그림을 보고 빈칸에 알맞은 부사를 골라 써 보세요.

1

He speaks English ____________.
☐ well ☐ real

2

I ____________ opened the classroom door.
☐ slow ☐ slowly

3

The woman smiles ____________ nicely.
☐ very ☐ easy

4

My friend is a ____________ smart girl.
☐ hard ☐ really

D 보기 에서 빈칸에 알맞은 단어를 고른 다음, 전체 문장을 써 보세요.

보기			
	very	beautifully	early

1 My dog runs ____________ quickly. 우리 집 개는 <u>아주</u> 빨리 달린다.
➡

2 The actress walks ____________. 그 여배우는 <u>아름답게</u> 걷는다.
➡

3 They wake up ____________ in the morning. 그들은 아침 <u>일찍</u> 일어난다.
➡

E 잘 듣고 따라 읽어 보세요.  06_03

I have good neighbors near my house.
Mr. Ronald lives next door.
He smiles very nicely.
Mrs. Lee walks slowly.
But she speaks very quickly.
David and Susan live behind my house.
David is a really funny boy. Susan looks so lovely.
Ms. Jones lives in front of my house.
She can bake chocolate cookies well.
My neighbors are very kind people.

{ near my house 집 근처에 next door 옆집 }

F 주어진 단어를 어순에 맞게 배열해 문장을 완성하세요.

1 데이빗은 ~이다 진짜로 재미있는 남자아이

| funny is a really |
| boy . David |

2 내 이웃들은 ~이다 아주 친절한 사람들

| people very are |
| my neighbors |
| . kind |

3 이 여사는 걷는다 천천히

| Mrs. Lee slowly |
| . walks |

G 잘 듣고 빈칸에 알맞은 단어를 쓴 다음, 그림자를 따라 전체 문장을 써 보세요.  06_04

Jongeun has __________ neighbors near her house.

Ms. Park lives next door.

She dresses __________.

Mr. McFinn speaks __________.

But he runs __________.

John and Nancy live in front of her house.

John is a __________ quiet boy.

Nancy is a __________ pretty girl.

Mrs. Ming lives behind her house.

She cooks Chinese food __________.

My neighbors are __________ nice.

neighbor 이웃
near ~ 근처에
next door 옆집
beautifully 아름답게
speak 말하다
run 달리다
quiet 조용한
pretty 예쁜
cook 요리하다
Chinese food 중국요리

나의 이웃들

➤➤ 나는 우리 집 근처에 좋은 이웃들이 있다.

____

➤➤ 김 씨(Mr. Kim)는 옆집에 산다.

____

➤➤ 그는 매우 재미있는 남자이다. (man)

____

➤➤ 신 씨(Ms. Shin)는 정말 다정하게 미소를 짓는다. (smiles)

____

➤➤ 하지만 그녀는 아주 큰 소리로 말한다. (loudly)

____

➤➤ 준호(Junho)와 미나(Mina)는 우리집 앞에 산다.

____

➤➤ 그들은 참 똑똑해 보인다. (look)

____

>> 이 여사(Mrs. Lee)는 우리집 뒤에 산다.

____

>> 그녀는 다정하게 말을 한다. (speak nicely)

____

>> 나의 이웃들은 아주 좋은 사람들이다. (good people)

____

나의 이웃들을 그려 보세요!

곤충

나비

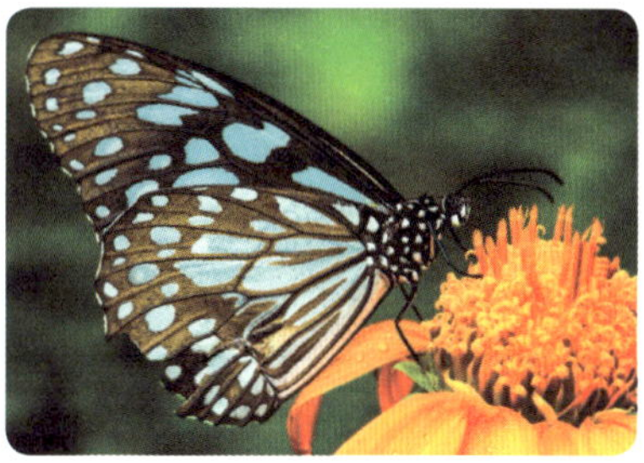

butterfly

벌

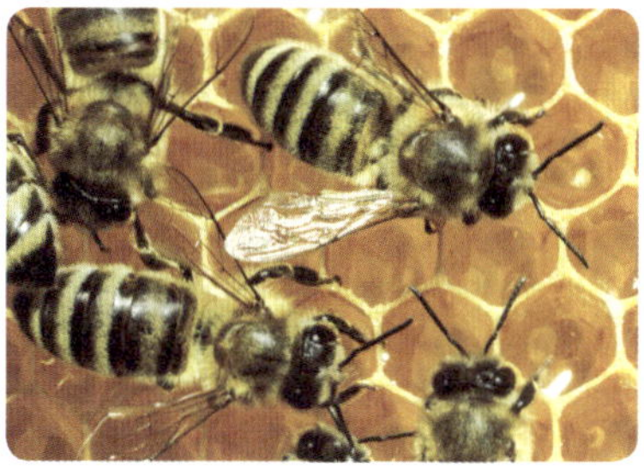

bee

잠자리

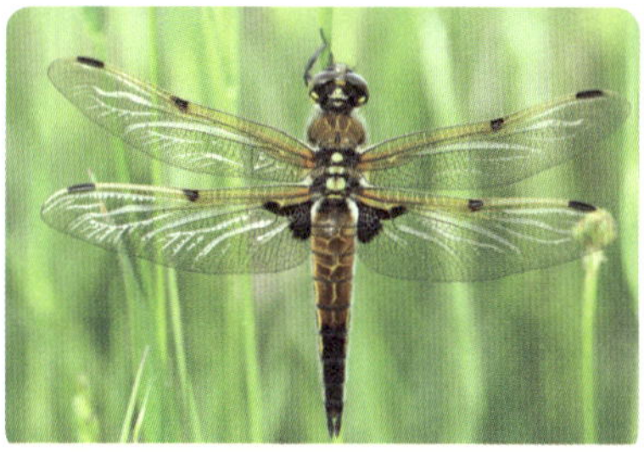

dragonfly

파리

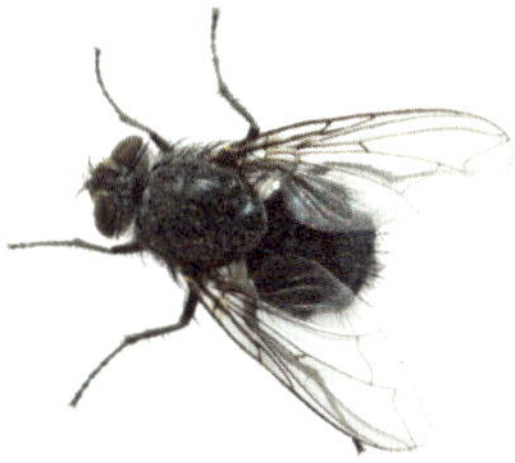

fly

모기

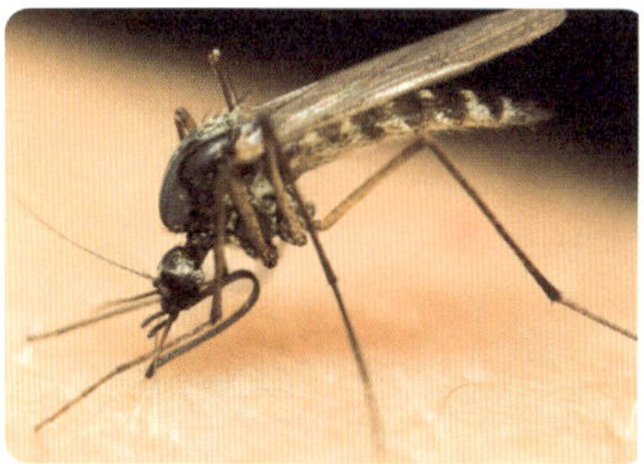

mosquito

거미

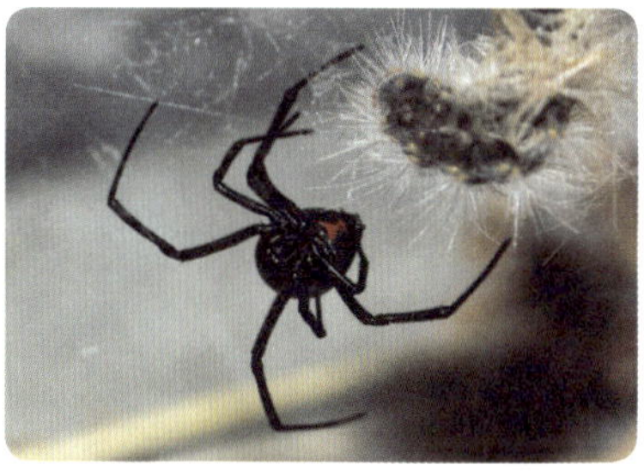

spider

메뚜기

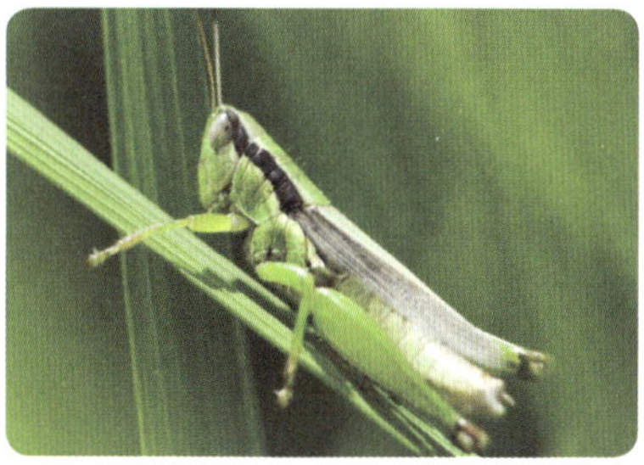

grasshopper

무당벌레

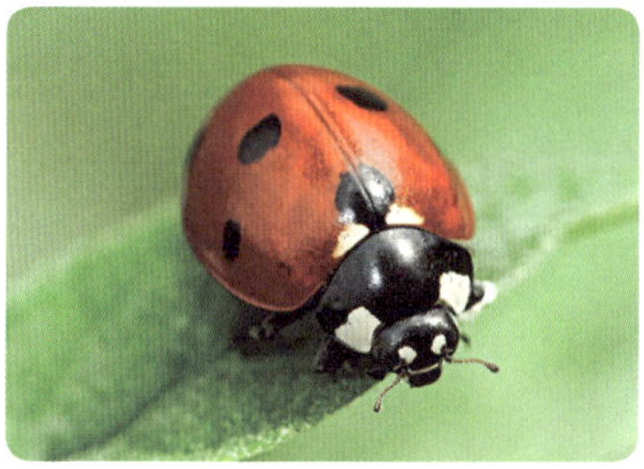

ladybird

REVIEW TEST

A Myself  06_05

스테이시의 자기소개를 잘 들어 보세요.

다시 듣고 이야기와 일치하는 문장에 동그라미 하세요.

1 ☐ I live in Singapore.
   ☐ I live on Singapore.

2 ☐ I was born in 2014.
   ☐ I was born in 2004.

3 ☐ My birthday is on July 3.
   ☐ My birthday is on June 3.

4 ☐ Laura sits behind me.
   ☐ Laura sits next to me.

5 ☐ He speaks so quickly.
   ☐ He speaks so slowly.

6 ☐ She is not pretty.
   ☐ She is very pretty.

7 ☐ We start studying at 9 o'clock every day.
   ☐ We start studying at 8 o'clock every day.

스테이시의 옆자리와 앞자리 친구들은 어떠한지 쓰세요.

• Laura – ___________________________

• Pam – ___________________________

B Crossword Puzzle

ACROSS와 DOWN의 문제를 풀며 퍼즐을 완성하세요.

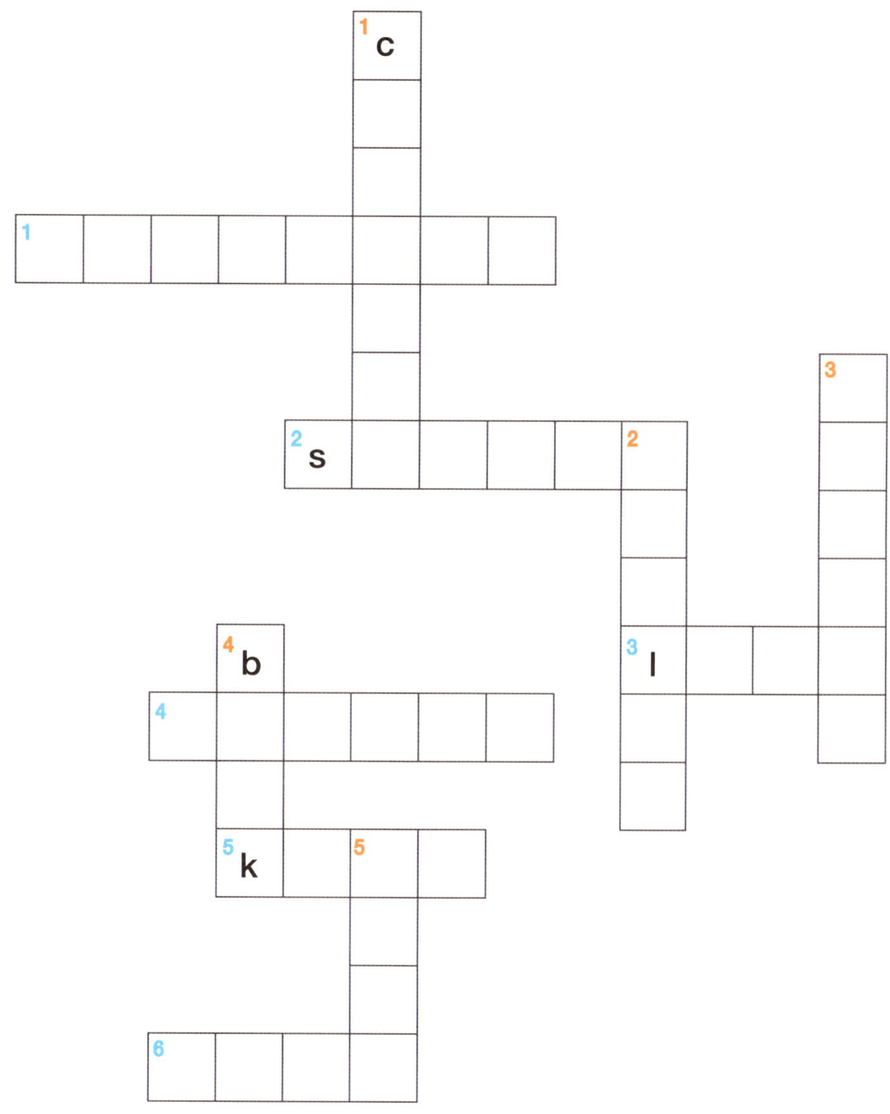

ACROSS 가로

1 The bank is behind the 병원.

2 He goes down the 계단.

3 I 살다 in Seoul, Korea.

4 The 제과점 is next to the park.

5 He is very 친절한.

6 There are many buildings in my 마을.

DOWN 세로

1 The math 대회 is on March 15.

2 She 미소 짓다 nicely.

3 We go on a trip in 여름.

4 The 은행 is between two houses.

5 I was there at 정오.

REVIEW TEST

C Match

알맞은 표현을 찾아 연결하세요.

1 I am sitting • • on August 7.

2 It's too • • late.

3 The exam is • • New York.

4 Jane came from • • under a tree.

D Picture Description

아이들의 모습과 생일, 사는 곳을 보고 문장을 완성해 보세요.

1 May 21, 2005
so nicely

2 Sydney
very pretty

3 June 30, 2004
very fast

4 March 9, 2001
really slowly

1 He was born _________ 2005.

   He smiles _________ _________.

2 She lives _________ Sydney.

   She looks _________ _________.

3 His birthday is _________ June 30.

   He speaks _________ _________.

4 Her birthday is _________ March.

   She walks _________ _________.

E Changing Sentences

보기 처럼 주어진 문장을 괄호 안에 제시된 목적에 맞게 바꿔 써 보세요.

> **보기**
> He goes down the stairs.　➡ (up) He goes up the stairs.
> Scott runs fast.　➡ (quickly) Scott runs quickly.

1　My house is behind the police station.

➡ (in front of) ______________________________

2　Jimmy walks quickly.

➡ (slowly) ______________________________

3　I am sitting on the tree.

➡ (under) ______________________________

4　Diana is very short.

➡ (so) ______________________________

F Making Sentences

우리말을 보고 **보기** 에서 필요한 단어를 골라 영어로 문장을 써 보세요.

> **보기**
> between　　　really　　　for

1　그녀는 진짜로 사랑스럽다.　➡ ______________________________

2　슈퍼마켓은 은행과 학교 사이에 있다. ➡ ______________________________

3　나는 그것을 세 달 동안 공부했다. ➡ ______________________________

UNIT 07
He needs some flour and a few apples.

그는 밀가루 조금과 사과 몇 개가 필요하다.

수량 형용사

+ 명사 앞에 붙어서 그 명사의 수와 양이 많고 적음을 나타내는 단어를 수량 형용사사라고 해요.
+ many는 '(수가) 많다'는 뜻으로 복수명사(셀 수 있는 명사)와 함께 쓰고, much는 '(양이) 많다'니까 셀 수 없는 명사와 함께 써요. a lot of와 lots of는 양과 수 모두에 사용할 수 있어요.
+ 명사의 '수'가 적을 때는 a few나 few를 복수명사와 함께 쓰고, '양'이 적을 때는 a little이나 little을 써요. some과 any는 양과 수에 모두 쓸 수 있는 말이에요.

A 잘 듣고 따라 읽어 보세요. 🎧 07_01

	⬤ + 셀 수 있는 명사 (복수형)	⬤ + 셀 수 없는 명사
많은	There are many toys. = There are a lot of toys. = There are lots of toys. 많은 (수의) 장난감들이 있다.	There is much water. = There is a lot of water. = There is lots of water. 많은 (양의) 물이 있다.
몇 개, 약간	There are a few coins. 동전들이 몇 개 있다.	There is a little money. 돈이 조금 있다.
거의 없는	There are few coins. 동전들이 거의 없다.	There is little money. 돈이 거의 없다.
조금	There are some coins. 동전들이 조금 있다.	There is some money. 돈이 조금 있다.
조금도 없는	There aren't any coins. 동전들이 조금도 없다.	There isn't any money. 돈이 조금도 없다.

B 잘 듣고 세 번씩 따라 읽어 보세요. 07_02

1 
He bakes a few pies.
그는 파이를 몇 개 굽는다.

2 
He bakes lots of cakes.
그는 케이크를 많이 굽는다.

3 
He needs some flour.
그는 밀가루가 조금 필요하다.

4 
He needs a few apples and a little sugar.
그는 사과 몇 개랑 설탕이 약간 필요하다.

5 
He needs a lot of milk.
그는 우유가 많이 필요하다.

6 
He needs many eggs and a lot of flour.
그는 많은 달걀과 많은 밀가루가 필요하다.

7 
He won't need any butter.
그는 버터가 전혀 필요하지 않을 것이다.

8 
I don't have any pencils.
나는 연필을 조금도 가지고 있지 않다.

9 
They have few books.
그들은 책이 거의 없다.

10 
She has some candies.
그녀는 사탕을 좀 가지고 있다.

Words

bake 굽다
pie 파이
need 필요하다
flour 밀가루
sugar 설탕
egg 달걀
butter 버터
pencil 연필

Grammar Plus

any는 주로 부정문이나 의문문에 쓰여요. 7번과 8번은 동사가 각각 won't need와 don't have라는 부정형이기 때문에 some이 아닌 any를 써야 해요.

C 그림을 보고 빈칸에 알맞은 것을 골라 써 보세요.

1 I don't have ___________ salt.
☐ many ☐ any

2 We drink ___________ milk every day.
☐ a few ☐ a little

3 There are ___________ nuts in the bowl.
☐ a lot of ☐ much

4 Do you need ___________ apples?
☐ little ☐ some

D 보기 에서 빈칸에 알맞은 표현을 골라 문장을 만들어 보세요.

보기   a little   any   many

1 I want ___________ sugar.

➡

2 She won't need ___________ coins.

➡

3 Did you buy ___________ cookies?

➡

E 잘 듣고 따라 읽어 보세요. 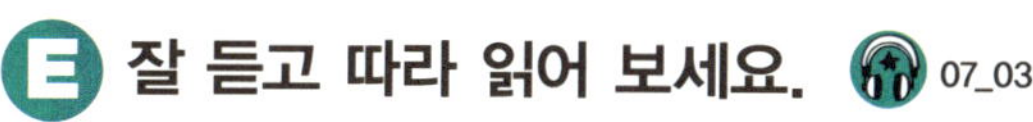 07_03

Peter is a great baker.

He has a lovely bakery.

He bakes a few pies and lots of cakes.

Tomorrow he will bake four apple pies.

He needs some flour, a few apples, and a little sugar.

Peter will bake ten cakes, too.

He needs lots of milk, many eggs, and a lot of flour.

But he won't need any butter.

People really love his delicious pies and cakes.

{ baker 제빵사 delicious 맛있는 }

F 주어진 단어를 어순에 맞게 배열해 문장을 완성하세요.

1

그는	필요하지 않을 것이다	버터가 조금도

any butter   he
won't need   .

____

2

그는	필요하다	많은 우유와	많은 달걀이

needs   he
many eggs   .
lots of milk and

____

3

그는	굽는다	파이 약간과	많은 케이크를

a few pies and
lots of cakes .
he   bakes

____

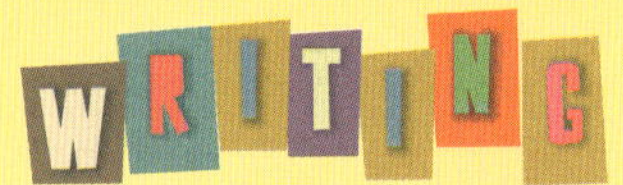

G 잘 듣고 빈칸에 알맞은 단어를 쓴 다음, 그림자를 따라 전체 문장을 써 보세요.  07_04

Kelly is a great baker. She has a lovely bakery.

She bakes   cookies and   bread.

Tomorrow she will bake cookies.

She needs   flour,   chocolate chips, and   butter.

Kelly will bake   bread, too.

She needs   eggs,   salt, and   water.

But she won't need   sugar.

People really love her delicious cookies and bread.

나의 제과점

➤➤ 나는 훌륭한 제빵사이다.

➤➤ 나는 멋진 제과점을 가지고 있다.

➤➤ 나는 롤케이크와 식빵을 많이 굽는다. (many roll cakes, a lot of bread)

➤➤ 내일 나는 롤케이크를 구울 것이다.

➤➤ 나는 많은 밀가루와 우유 조금과 많은 잼이 필요하다. (a lot of flour, some milk, lots of jam)

➤➤ 나는 식빵도 많이 구울 것이다.

➤➤ 나는 많은 양의 밀가루와 버터 약간과 호두 조금이 필요하다. (lots of flour, a little butter, some walnuts)

▶▶ 하지만 채소는 조금도 필요치 않을 것이다. (vegetables)

____

▶▶ 사람들은 내가 만든 맛있는 롤케이크와 식빵을 정말로 좋아한다.

____

빵을 만들기 위한 재료를 그려 보세요!

순서를 나타내는 숫자(서수 11th ~ 20th)

열한 번째(의)

eleventh

열두 번째(의)

twelfth

열세 번째(의)

thirteenth

열네 번째(의)

fourteenth

열다섯 번째(의)

fifteenth

열여섯 번째(의)

sixteenth

열일곱 번째(의)

seventeenth

열여덟 번째(의)

eighteenth

열아홉 번째(의)

nineteenth

스무 번째(의)

twentieth

UNIT 08

I **always** watch TV in the afternoon.

나는 항상 오후에 텔레비전을 본다.

빈도부사

+ 빈도부사는 어떤 일이 일어나는 횟수나 정도를 나타내는 말이에요.

예 I **always** have breakfast. 나는 항상 아침을 먹는다.
　 I **sometimes** have dinner. 나는 가끔 저녁을 먹는다.

+ 빈도부사는 보통 동사의 앞, be동사나 조동사의 뒤에 와요.

예 She is **never** late for school. 그녀는 결코 학교에 지각하지 않는다.

A 잘 듣고 따라 읽어 보세요. 08_01

always (100%)
usually (80%)
often (60%)
sometimes (40%)
rarely (20%)
never (0%)

always 항상	He **always** wakes up at 7 o'clock. 그는 항상 7시에 일어난다.
usually 보통, 대개, 평소	I am **usually** home at 3:30 p.m. 나는 보통 오후 3시 30분에 집에 온다.
often 자주, 종종	They **often** visit my house. 그들은 우리 집에 자주 놀러 온다.
sometimes 때때로	She is **sometimes** late for school. 그녀는 이따금 학교에 지각한다.
rarely 좀처럼 ~하지 않는	Jamie **rarely** eats vegetables. 제이미는 좀처럼 채소를 먹지 않는다.
never 결코 ~하지 않는	I **never** go to bed after midnight. 나는 절대 자정후에 잠자리에 들지 않는다.

B 잘 듣고 세 번씩 따라 읽어 보세요. 🎧 08_02

1 
I always watch TV in the afternoon.
나는 항상 오후에 텔레비전을 본다.

2 
I always go to sleep before 11 o'clock.
나는 항상 11시 전에 잠이 든다.

3 
I usually keep a diary at night.
나는 대개 밤에 일기를 쓴다.

4 
I usually go to an English academy at 4:30.
나는 보통 4시 30분에 영어학원에 간다.

5 
I often help my mother set the table.
나는 자주 엄마가 밥상을 차리는 것을 돕는다.

6 
I often have a piano lesson before dinner.
나는 종종 저녁식사 전에 피아노 교습이 있다.

7 
I sometimes go to school on Saturday.
나는 가끔 토요일에 학교에 간다.

8 
I rarely play with my little brother in the evening.
나는 좀처럼 남동생과 저녁에 놀지 않는다.

9 
I am never late for school.
나는 절대 학교에 지각하지 않는다.

10 
He never reads books.
그는 결코 책을 읽지 않는다.

Words

in the afternoon 오후에	set the table 밥상을 차리다
go to sleep 잠이 들다	piano lesson 피아노 교습
keep a diary 일기를 쓰다	go to school 학교에 가다
at night 밤에	play with ~와 놀다
academy 학원	little brother 남동생
help + 사람 + 동사원형 ~가 …하는 것을 돕다	be late for ~에 늦다, 지각하다 (late는 '늦은'이란 의미의 형용사)

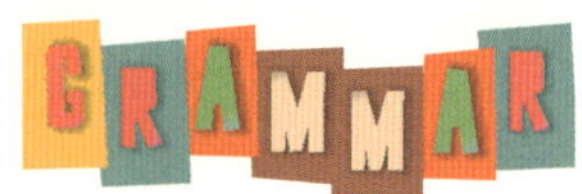

C 그림을 보고 빈칸에 알맞은 것을 골라 써 보세요.

1
We ___________ eat lunch at 12:30.
☐ often ☐ usually

2
He ___________ calls his friend at night.
☐ sometimes ☐ rarely

3
Fred is ___________ home at 5 p.m.
☐ never ☐ always

4
I ___________ make sandwiches.
☐ usually ☐ sometimes

D 주어진 %에 맞게 빈도부사를 넣어 문장을 바꿔 써 보세요.

1 My sister rides a school bus at 8:20 a.m. (100%) 언니는 아침 8시 20분에 스쿨버스를 탄다.

➜

2 I am late for school. (40%) 나는 학교에 지각한다.

➜

3 He cooks dinner. (20%) 그는 저녁식사를 요리한다.

➜

4 We play a computer game after school. (60%) 우리는 방과 후에 컴퓨터 게임을 한다.

➜

There are many things I do during the week.
I always go to school on weekdays.
I am never late for school.
I often have a piano lesson before dinner.
I sometimes go to the English academy at 4:30.
I always watch TV in the evening.
I often help my mother set the table.
I rarely play with my little brother in the evening.
I usually keep a diary at night.
I always go to sleep before 11 o'clock.

{ on weekdays 평일에 }

F 주어진 단어를 어순에 맞게 배열해 문장을 완성하세요.

1

나는	보통	일기를 쓴다	밤에

I	keep a diary
usually	at night .

____

2

나는	항상	학교에 간다	평일에

go to school	I
on weekdays	
always	.

____

3

나는	결코 ~지 않는다	학교에 늦(은)

am never	I
late for school .	

____

G 잘 듣고 빈칸에 알맞은 단어를 쓴 다음, 그림자를 따라 전체 문장을 써 보세요. 🎧 08_04

There are many things Jessica does during the week.

She _________ exercises before going to school. She is _________ late for school.

She _________ goes to the math academy.

Jessica _________ goes to the library.

She _________ practices the flute every day.

She _________ goes to church.

She _________ plays with her friends.

She _________ plays a computer game.

Jessica _________ studies Chinese.

exercise 운동하다	library 도서관	flute 플루트
math academy 수학 원	practice 연습하다	church 교회

 우리말을 참고하여 영어로 나의 일주일에 대해 써 보세요.

나의 일주일

➤➤ 일주일 동안 내가 하는 일은 많다.

➤➤ 나는 아침에 운동은 절대 하지 않는다. (exercise in the morning)

➤➤ 나는 아침식사 전에 항상 영어 공부를 한다. (before breakfast)

➤➤ 나는 방과 후에 보통 축구를 한다. (after school)

➤➤ 나는 종종 3시 45분에 미술학원에 간다. (art academy)

➤➤ 나는 가끔 저녁식사 전에 친구 집에 놀러 간다. (visit my friend's house)

➤➤ 나는 저녁에 항상 여동생이랑 논다.

><< 나는 책을 거의 읽지 않는다.

><< 나는 밤에 종종 일기를 쓴다.

><< 나는 늘 10시 30분에는 잠자리에 든다.

나의 일주일을 표로 정리해 보세요!

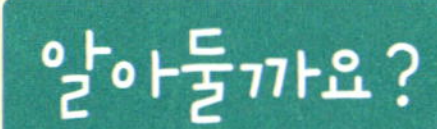

시간

3:00

three (o'clock)

3:10

three ten
= ten past three

3:15

three fifteen
= a quarter past three

3:25

three twenty-five

3:30

three thirty
= half past three

3:45

three forty-five
= a quarter to four

3:50

ten to four
= ten before four

4:05

four five
= five past four

UNIT 09

Peter is taller than me.

피터는 나보다 키가 크다.

<table>
<tr><td>비교급과 최상급</td><td>
➕ 비교급: 둘을 비교해서 '~보다 더 …한'이라고 표현할 때는 「형용사[부사]+-er +than」 또는 「more + 형용사[부사] +than」으로 써요.
➕ 최상급: 셋 이상일 때 그 중 '가장 ~한' 것을 말할 때는 「the+형용사[부사]+-est」 또는 「the+most+ 형용사[부사]」를 써요. 최상급은 항상 앞에 the를 붙여요.
➕ 비교급과 최상급을 만들 때 불규칙하게 변하는 단어는 따로 잘 알아두어야 해요. (121쪽 표 참고)
예 good-better-best / bad-worse-worst
</td></tr>
</table>

A 잘 듣고 따라 읽어 보세요. 🎧 09_01

I am taller than Joe.
나는 조보다 키가 크다.

I am the tallest.
나는 가장 키가 크다.

He is bigger than Mike.
그는 마이크보다 크다.

He is the biggest.
그는 가장 크다.

She is happier than Sally.
그녀는 샐리보다 더 행복하다.

She is the happiest.
그녀가 가장 행복하다.

3음절 이상일 때 ex) ex·pen·sive - more expensive - the most expensive

They are more expensive than those.
그것들은 저것들보다 더 비싸다.

They are the most expensive.
그것들이 가장 비싸다.

B 잘 듣고 세 번씩 따라 읽어 보세요. 09_02

1

My friend Allen is shorter than I am.
나의 친구 앨런은 나보다 키가 작다.

2

Peter is taller than me.
피터는 나보다 키가 크다.

3

He is faster than all my friends.
그는 나의 모든 친구들보다 빠르다.

4

He is the fastest.
그가 가장 빠르다.

5

Peter is the tallest and the biggest in our school.
피터는 우리 학교에서 가장 키가 크고 덩치가 가장 크다.

6

Jessica is the prettiest.
제시카가 가장 예쁘다.

7

It is newer than mine.
그것은 내 것보다 새 것이다.

8

It is older than Kevin's.
그것은 케빈의 것보다 낡았다.

9

It is better than any other bike in the world.
이것은 세상의 어떤 자전거보다 더 좋다.

10

It is the worst movie.
그것은 최악의 영화이다.

Words

shorter 키가 더 작은	**prettiest** 가장 예쁜	**better** 더 좋은, 나은	**worst** 최악의, 가장 나쁜
taller 키가 더 큰	**newer** 더 새로운	**bike** 자전거	**movie** 영화
faster 더 빠른	**older** 더 낡은	**world** 세계, 세상	

C 그림을 보고 빈칸에 알맞은 것을 골라 써 보세요.

1 Jack is ___________ Betty.
☐ younger than ☐ older than

2 My teacher is the ___________________.
☐ most beautiful ☐ beautiful

3 I am ___________ my sister.
☐ the slowest ☐ slower than

4 They're ___________ cookies in the world.
☐ worst ☐ the best

D 주어진 조건에 알맞도록 문장을 만들어 보세요.

1 It was (expensive) than the blue one. 그것은 파란 것보다 더 비쌌다.
➡ 비교급

2 The weather is (hot) than yesterday. 날씨가 어제보다 더 덥다.
➡ 비교급

3 Fred is (big) boy. 프레드는 제일 덩치가 큰 소년이다.
➡ 최상급

4 She is (beautiful) woman. 그녀는 제일 아름다운 여성이다.
➡ 최상급

E 잘 듣고 따라 읽어 보세요.  09_03

My friend Allen is shorter than I am.
But Peter is taller than me.
Peter is the tallest and the biggest in our school.
Jessica is the prettiest.
She usually wears the most beautiful clothes.
Ron runs very fast.
He is faster than all my friends. He is the fastest.
Kevin has a bike. It is newer than mine.
I have a bike, too. It is older than Kevin's.
But I like my bike very much.
It is better than any other bike in the world.

{ 「비교급 + than + all ~」 모든 ~보다 더 …한 (최상급) 「비교급 + than + any other ~」 다른 어떤 ~보다 더 …한 }

F 주어진 단어를 어순에 맞게 배열해 문장을 완성하세요.

1 그는 　　~다　　가장 빠른

| the fastest | he |
| is | . |

____

2 그것은 　　~다　　더 새 것　　내 것보다

| is | than mine |
| newer | it | . |

____

3 피터는 　　~다　　가장 큰　　우리 학교에서

is	the biggest
in our school	
Peter	.

____

G 잘 듣고 빈칸에 알맞은 단어를 쓴 다음, 그림자를 따라 전체 문장을 써 보세요. 🎧 09_04

My friend Nick is ___________ ___________ I am. But Jeff is ___________ ___________ me.

Jeff is ___________ ___________ and ___________ in our school.

Kelly is the ___________ ___________ girl. She is pretty and funny.

Ryan has a puppy. It is ___________ ___________ my rabbit.

It is ___________ ___________ puppy in the world.

Linda has a laptop computer. It is ___________ ___________ than mine.

I have a laptop computer, too.

It is ___________ ___________ Linda's.

But I like my computer very much.

It is ___________ ___________ Linda's computer.

나와 내 친구들

➤ 내 친구 조(Joe)는 나보다 나이가 많다. (older than)

____

➤ 하지만 맥스(Max)는 나보다 어리다. (younger)

____

➤ 맥스는 우리 학교에서 제일 키가 크고 체중이 많이 나간다. (the tallest, heaviest)

____

➤ 그레이스(Grace)는 우리 학교에서 제일 예쁜 여자아이다. (the most beautiful girl)

____

➤ 헤더(Heather)는 최고로 좋은 바이올린을 갖고 있다. (the finest violin)

____

➤ 저스틴(Justin)의 스마트폰은 내 것보다 더 새 것이다. (newer than)

____

➤ 내 스마트폰은 저스틴 것보다 더 오래된 것이다. (older)

____

하지만 나는 내 스마트폰을 아주 좋아한다.

그것은 저스틴의 스마트폰보다 더 좋은 것이다. (better than)

나와 친구들의 모습을 그려 보세요!

순서를 나타내는 서수 (21st ~ 30th)

스물한 번째(의)

twenty first

스물두 번째(의)

twenty second

스물세 번째(의)

twenty third

스물네 번째(의)

twenty fourth

스물다섯 번째(의)

twenty fifth

스물여섯 번째(의)

twenty sixth

스물일곱 번째(의)

twenty seventh

스물여덟 번째(의)

twenty eighth

스물아홉 번째(의)

twenty ninth

서른 번째(의)

thirtieth

A Our Pets 09_05

진희의 애완동물 소개를 잘 들어 보세요.

다시 듣고 이야기와 일치하는 문장에 동그라미 하세요.

1
- ☐ Our family has many pets.
- ☐ Our family has a few pets.

2
- ☐ My father rarely feeds the pets.
- ☐ My father usually feeds the pets.

3
- ☐ The dog is bigger.
- ☐ The dog is the biggest pet.

4
- ☐ It always eats a lot of food.
- ☐ It always eats a little food.

5
- ☐ They sometimes sing a song.
- ☐ They often sing a song.

6
- ☐ They are smarter than our dog.
- ☐ They are smarter dogs.

진희의 애완동물 중에서 가장 예쁜 동물을 쓰세요.

____

B Unscramble the Words

밑줄 친 단어의 철자를 바르게 배열해서 아래의 단어 판에 써 보세요.

1   I often go to the English <u>demyaca</u> at 4:30. 나는 종종 4시 30분에 영어학원에 간다.

2   Jamie rarely eats <u>blegetasve</u>. 제이미는 좀처럼 채소를 먹지 않는다.

3   The baker needs a lot of <u>flruo</u>. 그 제빵사는 밀가루가 많이 필요하다.

4   There aren't any <u>snioc</u>. 동전이 하나도 없다.

5   He sometimes goes to <u>rchuch</u>. 그는 이따금 교회에 간다.

6   It is more <u>peneviexs</u> than mine. 그것은 내 것보다 더 비싸다.

7   Kelly is the most <u>fasuom</u> girl. 켈리는 최고로 유명한 여자아이이다.

8   She is pretty and <u>nnyfu</u>. 그녀는 예쁘고 재미있다.

9   He needs a few apples and a little <u>suarg</u>. 그는 사과 몇 개와 설탕이 조금 필요하다.

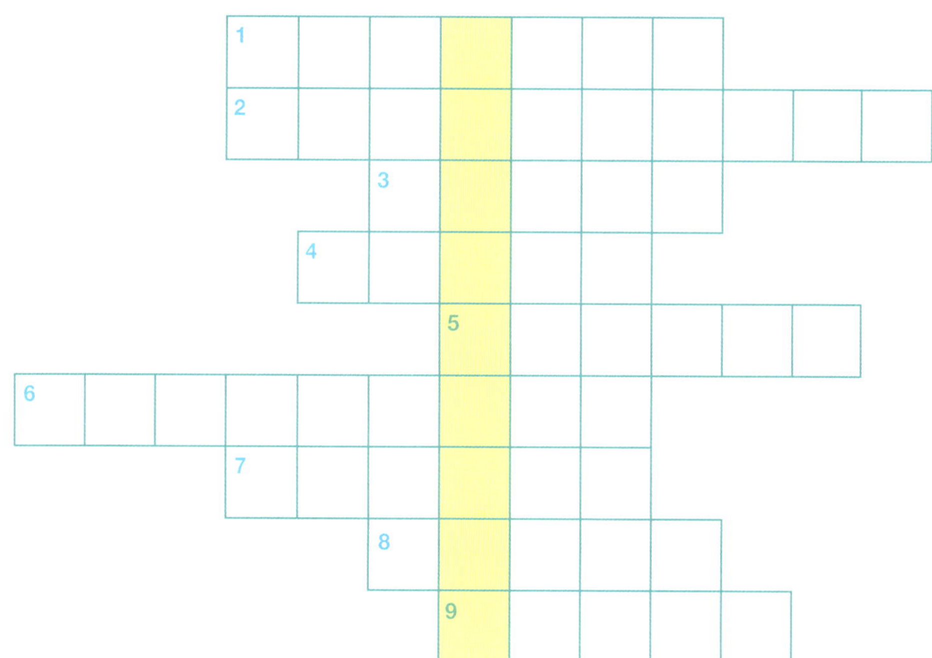

위의 노란색 줄 안에 있는 단어는 무엇일까요? 단어와 뜻을 써 보세요.

C Match

알맞은 표현을 찾아 연결하세요.

1   It is 가장 최악의 영화   •

2   There is 거의 없는 돈   •

3   She rarely 우유를 마시다   •

4   This bike is 내 것보다 새 것   •

•   little money.

•   drinks milk.

•   the worst movie.

•   newer than mine.

D Picture Description

그림을 보고 문장을 완성해 보세요.

1    2    3 

4

1   She bakes ________ pies.
There ________ any flour.
She needs ________ flour.

2   He ________ has a violin lesson.
He ________ goes to the math academy.
He ________ has an art lesson.

3   There isn't ________ bread.
There are ________ carrots.
She ________ eats vegetables.

4   Nancy is the shortest.
Susan is ________ than Jeff.
Jeff is the ________.

E Changing Sentences

보기 처럼 주어진 문장을 괄호 안에 제시된 목적에 맞게 바꿔 써 보세요.

보기
There are toys.	➡ (부정문)	There aren't any toys.
She cleans her room.	➡ (40%)	She sometimes cleans her room.
It was (good) my bike.	➡ (비교급)	It was better than my bike.
Daniel is (smart) student.	➡ (최상급)	Daniel is the smartest student.

1 There is some butter.   ➡ (부정문) ___________________

2 He watches TV.   ➡ (60%) ___________________

3 They were (fast) me.   ➡ (비교급) ___________________

4 It is (expensive) smartphone.   ➡ (최상급) ___________________

5 There are a few pencils.   ➡ (부정문) ___________________

6 I read books.   ➡ (0%) ___________________

7 She is (beautiful) Jane.   ➡ (비교급) ___________________

F Making Sentences

우리말을 보고 보기 에서 필요한 단어를 골라 영어로 문장을 써 보세요.

보기
cooked - soup	make my bed	boy

1 나는 평소 내 침대 정리를 한다.   ➡ ___________________

2 그녀는 수프를 좀 요리했다.   ➡ ___________________

3 그는 가장 나이가 많은 남자아이다. ➡ ___________________

UNIT 10

Staying home is enjoyable.

집에서 지내는 것은 즐겁다.

동명사
- ➕ 동사원형 뒤에 –ing를 붙이면 동사를 명사처럼 쓸 수 있어요.
- ➕ '～하는 것' 혹은 '～하기'로 해석해요.
  - 예 **Walking** is good for your health. 걷기는 건강에 좋다.
- ➕ 동명사는 명사처럼 문장에서 주어, 목적어, 보어로 쓰일 수 있어요.

A 잘 듣고 따라 읽어 보세요.  10_01

주어로 쓰이는 동명사	보어로 쓰이는 동명사

Playing guitar is fun.
기타를 연주 하는 것은 재미있다.

My hobby is listening to music.
나의 취미는 음악 듣는 것이다.

목적어로 쓰이는 동명사

I enjoy cooking food.
나는 음식 요리하는 것을 즐긴다.

She is tired of watching TV.
그녀는 텔레비전을 보는 게 싫증났다.

1 
I like staying inside the house.
나는 집 안에서 지내는 것을 좋아한다.

2 
I don't like playing ball outside with kids.
나는 아이들과 밖에서 공놀이 하는 걸 좋아하지 않는다.

3 
My hobby is drawing pictures.
나의 취미는 그림을 그리는 것이다.

4 
Her job is making clothes.
그녀의 직업은 옷을 만드는 것이다.

5 
I enjoy writing stories.
나는 이야기 쓰는 것을 즐긴다.

6 
He practices playing the flute every day.
그는 매일 플루트 연주를 연습한다.

7 
I am good at drawing cartoon characters.
나는 만화 캐릭터들을 그리는 것을 잘한다.

8 

Thank you for inviting me.
나를 초대해줘서 고맙다.

9 
Staying home is enjoyable.
집에서 지내는 것은 즐겁다.

10 

Finding information through the Internet is fun.
인터넷을 통해 정보를 찾는 것은 즐겁다.

Words

inside 안에서, 실내에서	clothes 옷	invite 초대하다
outside 밖에서, 실외에서	enjoy 즐기다	enjoyable 즐거운
hobby 취미	practice 연습하다	find 찾다
draw a picture 그림을 그리다	be good at ~을 잘하다	information 정보
job 직업, 일	cartoon character 만화 캐릭터	through ~을 통하여

C 그림을 보고 빈칸에 알맞은 것을 골라 써 보세요.

1 _____________ on the bed is not good.
☐ Jump   ☐ Jumping

2 She is tired of _____________ the laundry.
☐ doing   ☐ do

3 I dream of _____________ to Europe.
☐ go   ☐ going

4 I enjoy _____________ fried rice.
☐ cooking   ☐ cooked

D 괄호 안의 동사를 알맞은 형태로 바꿔 문장을 완성하세요.

1 His hobby is (collect) stickers. 그의 취미는 스티커를 모으는 것이다.

➡ ____

2 I finished (clean) my room. 나는 내 방을 청소하는 것을 끝냈다.

➡ ____

3 (Run) in the classroom is dangerous. 교실에서 뛰어다니는 것은 위험하다.

➡ ____

4 I am good at (play) the computer game. 나는 컴퓨터 게임하기를 잘한다.

➡ ____

E 잘 듣고 따라 읽어 보세요. 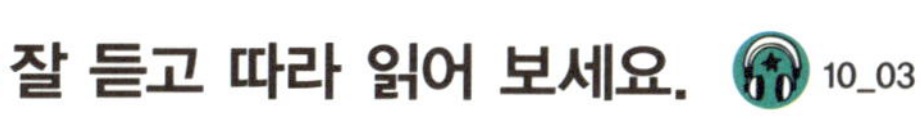 10_03

I'm Ryan. I am twelve years old.
I don't like playing ball outside with kids.
I like staying inside the house.
My hobby is drawing pictures and surfing the Internet.
I am good at drawing cartoon characters.
I enjoy writing stories.
Finding information through the Internet is fun.
I can get a lot of information there.
Staying home is enjoyable.

{ surfing the Internet 인터넷 검색하기
get information 정보를 얻다 }

F 주어진 단어를 어순에 맞게 배열해 문장을 완성하세요.

1 나는 〉 잘한다 〉 그리는 것을

am good at   .
drawing   I

____

2 집에서 머무는 것은 〉 ~다 〉 즐거운

is   enjoyable
staying home   .

____

3 나는 〉 즐긴다 〉 이야기 쓰기를

writing stories
.   I   enjoy

____

G 잘 듣고 빈칸에 알맞은 단어를 쓴 다음, 그림자를 따라 전체 문장을 써 보세요. 🎧 10_04

I'm Jieun. I am ten years old.

I don't like ___________ inside the house.

I like ________ activities outside.

My hobby is __________ four-leaf clovers and

________ a skateboard.

I am good at __________ four-leaf clovers.

I enjoy __________ at plants.

________ a skateboard is exciting.

I can exercise a lot.

________ activities outside is enjoyable.

activity 활동　　　　　　　four-leaf clover 네잎 클로버　　　plant 식물
collect 모으다, 수집하다　　skateboard 스케이트보드　　　exciting 흥미로운

 우리말을 참고하여 영어로 나의 취미에 대해 써 보세요.

나의 취미

>> 나는 피터(Peter)이다.

____

>> 나는 12살이다.

____

>> 나는 아이들과 바깥에서 공놀이하는 것을 좋아하지 않는다.

____

>> 나는 박물관에 가는 것을 좋아한다. (to the museum)

____

>> 나의 취미는 공룡에 대한 정보를 얻는 것이다. (information about dinosaurs)

____

>> 나는 공룡 모형을 수집하는 것을 즐긴다. (model dinosaurs)

____

>> 공룡을 알게 되는 것은 즐겁다. (getting to know dinosaurs)

____

나의 취미를 그려 보세요!

액세서리

목걸이

necklace

팔찌

bracelet

귀걸이

earrings

반지

ring

머리핀

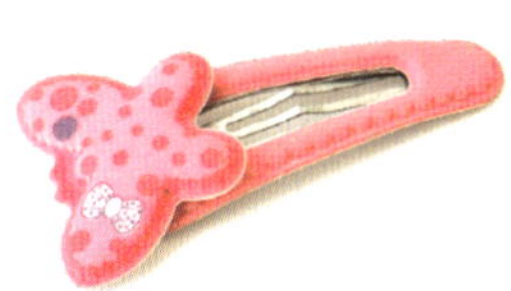

hair pin

머리띠

hair band

안경

glasses

선글라스

sunglasses

UNIT 11

To read many books is very important.

책을 많이 읽는 것은 매우 중요하다.

명사처럼 쓰이는 to부정사

+ to부정사는 「to + 동사원형」의 형태로 동사를 바꿔 명사처럼 사용할 수 있게 해요.
+ 명사처럼 쓰이니까 문장에서는 주어, 목적어, 보어로 쓰이고, '~하는 것', '~하기'로 해석해요.

예 **To make** sandwiches is very fun. 샌드위치 만들기는 매우 재미있다.

She likes **to eat** vanilla ice cream. 그녀는 바닐라 아이스크림 먹는 것을 좋아한다.

A 잘 듣고 따라 읽어 보세요. 🎧 11_01

주어 역할을 하는 to부정사

To draw many faces is interesting.

많은 얼굴들을 그리는 것은 흥미롭다.

To exercise is really important.

운동을 하는 것은 정말 중요하다.

목적어 역할을 하는 to부정사

I want to go to the amusement park.

나는 놀이공원에 가기를 원한다.

보어 역할을 하는 to부정사

Her hobby is to read books.

그녀의 취미는 책 읽기이다.

B 잘 듣고 세 번씩 따라 읽어 보세요. 11_02

1 
To read many books is very important.
책을 많이 읽는 것은 매우 중요하다.

2 
To keep a healthy body is important.
건강한 신체를 유지하는 것은 중요하다.

3 
To cook food is easy.
음식을 만드는 것은 쉽다.

4 
His hobby is to take pictures.
그의 취미는 사진을 찍는 것이다.

5 
My plan is to study hard and to exercise more.
나의 계획은 공부를 열심히 하는 것과 운동을 더 많이 하는 것이다.

6 
My dream is to become a pilot.
나의 꿈은 비행기 조종사가 되는 것이다.

7 
I decided to go to the library after school.
나는 방과 후에 도서관에 가기로 결정했다.

8 
I like to run.
나는 달리기를 좋아한다

9 
I want to fly an airplane.
나는 비행기를 타고 날고 싶다.

10 
She loves to sing a song.
그녀는 노래 부르는 것을 매우 좋아한다.

Words

important 중요한
keep 유지하다
healthy 건강한
take a picture 사진을 찍다
plan 계획
hard 열심히

dream 꿈
become ~이 되다
pilot 비행기 조종사
decide 결정하다
fly (~를 타고) 날다
airplane 비행기

Grammar Plus

1, 2, 3번처럼 to부정사가 문장의 주어로 사용될 경우, 모두 단수로 취급해요. 그리고 이때는 주어가 너무 길어진다는 단점이 있어요. 그래서 가짜 주어 It을 주어 대신 쓰고 진짜 주어인 to부정사 이하는 문장의 끝으로 보내는 경우가 많아요.

To read many books is very important.
→ **It** is very important **to read many books**.
　가주어　　　　　　　　　　　　　진주어

C 그림을 보고 빈칸에 알맞은 것을 골라 써 보세요.

1 He likes ______________ with his dog.
☐ to playing   ☐ to play

2 ______________ cookies is fun.
☐ Bake to   ☐ To bake

3 Her dream is ______________ around the world.
☐ to travel   ☐ travel

4 I decided ______________ my grandmother.
☐ visiting to   ☐ to visit

D 주어진 동사를 to부정사로 바꿔 문장을 완성해 보세요.

1 (Make) pizza is easy. 피자 만들기는 쉽다.

➡

2 My hobby is (climb) mountains. 나의 취미는 산을 오르는 것이다.

➡

3 (Learn) Chinese is difficult. 중국어를 배우는 것은 어렵다.

➡

4 She wants (dance) on the stage. 그녀는 무대에서 춤추기를 원한다.

➡

E 잘 듣고 따라 읽어 보세요. 🎧 11_03

Now I am going to be a fifth grader.
My plan is to study hard and to exercise more.
I decided to go to the library after school.
To read many books is very important.
To keep a healthy body is important, too.
I like to run. So I will run every day.
My dream is to become a pilot.
I want to fly an airplane and travel around the world.
I'm going to be a great fifth grader.

{ fifth grader 5학년생 }

F 주어진 단어를 어순에 맞게 배열해 문장을 완성하세요.

1

책 읽기는	~다	매우 중요한

is   to read books
very important   .

____

2

나는	~하고 싶다	여행하는 것

want   I
to travel   .

____

3

내 계획은	~이다	열심히 공부하기

is   my plan
to study hard   .

____

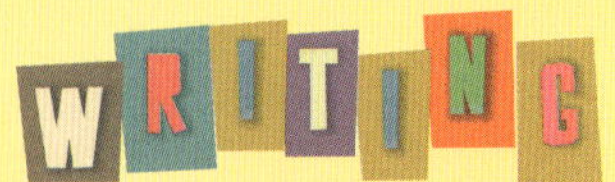

G 잘 듣고 빈칸에 알맞은 단어를 쓴 다음, 그림자를 따라 전체 문장을 써 보세요. 🎧 11_04

Now I am going to be a sixth grader.

My plan is ________ ________ the piano more

and ________ ________ taller. I decided ________

________ the piano two hours every day.

________ ________ to piano music is important.

________ ________ balanced meals is important,

too. I want ________ ________ tall. So I will drink a

lot of milk.

My dream is ________ ________ a pianist. I like

________ ________ the piano for other people.

I'm going to be a great sixth grader.

sixth grader 6학년생   balanced meals 균형 잡힌 식사   other people 다른 사람들
practice 연습하다   pianist 피아니스트

H 우리말을 참고하여 영어로 나의 올해 계획에 대해 써 보세요.

나의 올해 계획

➤➤ 이제 나는 4학년이 될 것이다.

➤➤ 나의 계획은 영어를 배우는 것과 일기를 쓰는 것이다. (learn English and keep a diary)

➤➤ 나는 방과 후에 영어학원에 다니기로 결정했다. (go to the English academy)

➤➤ 원어민들과 말해보는 것은 매우 중요하다. (to speak with native speakers)

➤➤ 일기를 쓰는 것도 또한 중요하다. (, too)

➤➤ 나는 내가 지나온 길에 대해 읽는 것을 좋아한다. (about my own history)

➤➤ 그래서 나는 매일 일기를 쓸 것이다.

>> 나의 꿈은 영어 교사가 되는 것이다. (become)

____

>> 나는 영어를 가르치고 싶다. (teach English)

____

>> 나는 멋진 4학년생이 될 것이다.

____

올해 계획에 대해 그려 보세요!

직업

기자

reporter

아나운서

announcer

남자배우/여자배우

actor / actress

모델

model

미용사

hairstylist

판사

judge

비행기 조종사

pilot

비행기 승무원

flight attendant

UNIT 12
I need something to eat.

나는 먹을 게 필요하다.

형용사나 부사처럼 쓰이는 to부정사

+ to부정사는 형용사처럼 사용할 수도 있어요. 이때는 꾸며줄 명사 뒤에 오고, '～할', '～하는'으로 해석해요.

예 I have lots of work **to do**. 나는 해야 할 일들이 많다.

+ 부사처럼 동사나 형용사를 꾸며주기도 하는데, 이 경우 '～하기 위하여', '～하니', '～을 보니', '～한다면', ～하기에'라는 뜻이에요.

예 I'm here **to see** you. 너를 보기 위해 왔어.

A 잘 듣고 따라 읽어 보세요.  12_01

형용사처럼 쓰이는 to부정사	부사처럼 쓰이는 to부정사

There was no chair to sit on.
앉을 의자가 없었다.

She got up early to catch the bus.
그녀는 버스를 잡기 위해서 일찍 일어났다.

I need something to drink.
나는 마실 게 필요하다.

This ball was not good to play basketball.
이 공은 농구를 하기에는 좋지 않았다.

He was usually the last person to leave the classroom.
그는 평소 제일 마지막에 교실을 나갔다. (그는 평소 교실을 나가는 마지막 사람이었다.)

They were surprised to see his face.
그들은 그의 얼굴을 보고 놀랐다.

B 잘 듣고 세 번씩 따라 읽어 보세요. 🎧 12_02

1

I needed something to eat.

나는 먹을 게 필요했다.

2

The teacher had no time to check the homework.

선생님은 숙제를 검사할 시간이 없었다.

3

I hurried to catch the bus.

나는 버스를 잡기 위해 서둘렀다.

4

She turned on the light to read a book.

그녀는 책을 읽기 위해 불을 켰다.

5

He has no one to talk to.

그는 아무하고도 말할 사람이 없다.

6

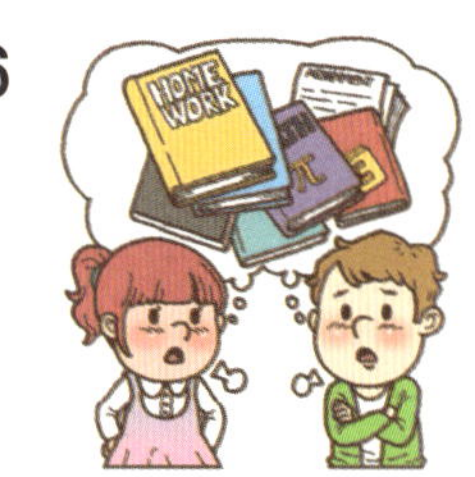

They have many things to do.

그들은 해야 할 것들이 많다.

7

A woman stood up to get off the bus.

한 여자가 버스에서 내리기 위해 일어났다.

8

He was happy to hear the news.

그는 그 소식을 듣고 기뻤다.

9

I am tall enough to reach the cupboard.

나는 그 찬장에 손이 닿을 만큼 키가 크다.

10

This water is not good to drink.

이 물은 마시기에 적합하지 않다.

Words

have no time to + 동사원형 ~할 시간이 없다
check 검사하다, 확인하다
hurry 서두르다
catch 잡다
turn on (기계의 전원을) 켜다
light 불, 전등
talk to + 사람 ~와 말하다

stand up 일어서다
get off ~에서 내리다
hear 듣다
enough to + 동사원형 ~할 만큼 충분한
reach ~에 닿다, 이르다
cupboard 찬장

Grammar Plus

'~와 말하다'라고 할 때 talk 뒤에 전치사 to가 꼭 필요해요. 그래서 5번 문장 끝에 to가 온 거예요.

1 I am old enough ______________ food.
☐ to cook ☐ cook

2 She hurried ______________ to school.
☐ to going ☐ to go

3 The boy had something ______________ me.
☐ give ☐ to give

4 I don't have a book ______________.
☐ to read ☐ to reading

D 주어진 동사를 알맞은 형태로 바꿔 문장을 완성하세요.

1 We have a few cookies (eat). 우리는 먹을 쿠키가 조금 있다.

➡ ____

2 She got up early (exercise). 그녀는 운동하기 위해 일찍 일어났다.

➡ ____

3 I am big enough (ride) the bike. 나는 자전거를 탈 만큼 크다.

➡ ____

4 He has no friends (play) with. 그는 같이 놀 친구가 없다.

➡ ____

E 잘 듣고 따라 읽어 보세요.  12_03

Today was a lucky day for me.
I woke up late. So I hurried to catch the bus.
I got on the bus. There were no seats to sit on.
But a woman stood up to get off the bus.
So I could sit all the way to school.
During the math class, I forgot to bring my homework.
But the teacher had no time to check the homework.
At lunch time, I needed something to eat.
But I forgot to bring money.
But my friend had a sandwich to share.
Today was a lucky day!

{ lucky 운이 좋은 get off 내리다 all the way 내내 share 나누다, 함께 쓰다 }

F 주어진 단어를 어순에 맞게 배열해 문장을 완성하세요.

1 내 친구는   갖고 있었다   샌드위치를   나눠 먹을

| had my friend |
| a sandwich |
| to share   . |

____

2 나는   필요했다   먹을 것이

| something to eat |
| .   I   needed |

____

3 한 여자가   일어났다   버스에서 내리기 위해

| to get off the bus |
| stood up   . |
| a woman |

____

G 잘 듣고 빈칸에 알맞은 단어를 쓴 다음, 그림자를 따라 전체 문장을 써 보세요.   12_04

Today was a lucky day for me.
I got up late. So I hurried

the school bus.

But I missed the school bus. My neighbor saw

me and she gave me a ride to school.

During the English class,

I opened my bag

my notebook. There wasn't any

notebook. But my friend gave me a new

notebook   in.

After school, I needed something

.

There was nothing   at home.

But my aunt came

me some apple pie.

Today was a lucky day!

운 좋은 날

》 오늘은 나에게 운이 좋은 날이었다.

____

》 나는 늦게 깼다. 그래서 나는 서둘러 학교로 갔다. (woke up late)

____

》 샘(Sam)이 나를 태워주려고 자전거를 세웠다. (stopped his bike)

____

》 그래서 난 학교에 늦지 않았다. (late for school)

____

》 미술 시간에 난 붓을 가져오는 걸 잊어버렸다. (my paintbrush)

____

》 하지만 선생님이 내게 그림을 칠할 수 있게 새 붓을 주셨다. (paint the picture)

____

》 방과 후에, 나는 먹을 간식이 좀 필요했다. (some snacks)

____

>> 하지만 나는 그것을 살 돈이 없었다. (had no money)

>> 하지만 내 친구가 내게 먹을 핫도그를 사주었다. (bought me a hot dog)

>> 오늘은 운이 좋은 날이었다!

나의 운수 좋은 날을 그려 보세요!

가구

소파

sofa (= couch)

안락의자

armchair

(팔걸이와 등받이가 없는) 의자

stool

쿠션

cushion

커튼

curtain

옷장

wardrobe

전등

lamp

거울

mirror

REVIEW TEST

A Christmas Plan 🎧 12_05

호영이의 크리스마스 계획을 잘 들어보세요.

다시 듣고 이야기와 일치하는 문장에 동그라미 하세요.

1 ☐ Staying at our parents' house is fun and exciting.
☐ To stay at our grandparents' house is fun and exciting.

2 ☐ I like uncles, aunts, and cousins.
☐ I like meeting uncles, aunts, and cousins.

3 ☐ We enjoy cooking Christmas cakes and foods.
☐ We enjoy eating Christmas cakes and foods.

4 ☐ My brother always brings sodas to drink.
☐ My brother always brings pop song CDs to listen to.

5 ☐ My plan is to read comic books and do crossword puzzles.
☐ My plan is drawing comic books and doing crossword puzzles.

호영이가 차에서 무엇을 할지 모두 쓰세요.

B Bingo

밑줄 친 영단어의 우리말 뜻과 우리말에 알맞은 영단어를 빙고 판에서 찾아 동그라미 하세요.
모두 몇 줄이 연결되나요?

B	I	N	G	O
tired	즐거운	dream	서둘렀다
좌석들	만화책	important	missed
취미	surprised	exercise	인터넷
lucky	healthy	좋은	grader

1 To keep healthy is ___________.
   중요한

2 I <u>hurried</u> to catch the bus.

3 She's going to be a fifth _________.
   학년생

4 I like surfing the <u>Internet</u>.

5 My <u>hobby</u> is to take pictures.

6 I ___________ the school bus.
   놓쳤다

7 Playing ball is <u>enjoyable</u>.

8 There were no <u>seats</u> to sit on.

9 He was _________ to see her face.
   놀란

10 Today was a ___________ day.
    운이 좋은

C Correct

다음 문장에서 틀린 부분을 찾아 문장을 바르게 고쳐 쓰세요.

1 My dream is to becoming a pianist.

➡

2 My sister gave me some candies eat.

➡

3 He decided go to the library.

➡

D Picture Description

그림 속 아이들의 행동을 보고 문장을 완성해 보세요.

1  2  3  4 

1 I needed something _________ drink.
There is nothing to _________.

2 _________ read many books is important.
My plan is to _________ three books in a week.

3 I'm good at playing the guitar.
_________ the guitar is fun.

4 My hobby is _________ pictures.
My dream is _________ become an artist.

E Changing Sentences

보기처럼 주어진 문장을 괄호 안에 제시된 목적에 맞게 바꿔 써 보세요.

보기
He finished (wash) his face. ➡ (동명사) He finished washing his face.
She has no friend (talk) to. ➡ (to부정사) She has no friend to talk to.
(Cook) food is not easy. ➡ (to부정사) To cook food is not easy.
I like (eat) chocolate. ➡ (동명사) I like eating chocolate.

1 I am tired of (watch) TV. ➡ (동명사) _______________________

2 Her hobby is (collect) stickers. ➡ (to부정사) _______________________

3 (Exercise) is really important. ➡ (to부정사) _______________________

4 She loves (drink) milk. ➡ (동명사) _______________________

5 He is old enough (travel) alone. ➡ (to부정사) _______________________

6 (Ride) a bike is exciting. ➡ (to부정사) _______________________

F Making Sentences

우리말을 보고 보기에서 필요한 단어를 골라 영어로 문장을 써 보세요.

보기
to catch   to watch   writing

1 나의 취미는 영화를 보는 것이다. ➡ _______________________

2 나는 이야기 쓰는 것을 즐긴다. ➡ _______________________

3 그녀는 그 버스를 타려고 일찍 일어났다. ➡ _______________________

원급 – 비교급 – 최상급

비교급과 최상급 형용사를 만드는 규칙에 대해 배워 봅시다.

원급	비교급	최상급
● 기본 형용사	● 두 대상을 비교 ● 비교급 형용사+than	● 셋 이상을 비교 ● the+최상급 형용사

원급 – 비교급 – 최상급 형용사 형태를 알아 두세요.

2음절 이하

● cold	colder	coldest
● fast	faster	fastest
● old	older	oldest
● soft	softer	softest
● slow	slower	slowest
● small	smaller	smallest
● smart	smarter	smartest
● short	shorter	shortest
● tall	taller	tallest

-e로 끝나는 단어

● nice	nicer	nicest
● large	larger	largest
● wise	wiser	wisest

-단모음+단자음

● big	bigger	biggest
● fat	fatter	fattest
● hot	hotter	hottest

- dirty — dirt**ier** — dirt**iest**
- happy — happ**ier** — happ**iest**
- pretty — prett**ier** — prett**iest**
- easy — eas**ier** — eas**iest**

3음절 이상

- beautiful — **more** beautiful — **most** beautiful
- difficult — **more** difficult — **most** difficult
- expensive — **more** expensive — **most** expensive
- famous — **more** famous — **most** famous
- foolish — **more** foolish — **most** foolish
- handsome — **more** handsome — **most** handsome
- hopeless — **more** hopeless — **most** hopeless
- important — **more** important — **most** important
- interesting — **more** interesting — **most** interesting
- patient — **more** patient — **most** patient
- useful — **more** useful — **most** useful

불규칙 변화형

- good / well — better — best
- bad / badly / ill — worse — worst
- many / much — more — most
- little — less — least
- late (시간) 늦은 — later — latest
- late (순서) 나중 — latter — last
- far (거리) 먼 — farther — farthest
- far (정도) 더욱, 한층 — further — furthest

주니어 영어 낭독 훈련 시리즈

주니어 영어 낭독 훈련 Picture Talk ❶ | 주니어 영어 낭독 훈련 Picture Talk ❷
주니어 영어 낭독 훈련 Topic Talk ❶ | 주니어 영어 낭독 훈련 Topic Talk ❷

박광희 · 캐나다 교사 영낭훈 연구팀 지음 | 대국판 | 12,000원 | MP3 CD 1

낭독과 회화 훈련을 동시에 병행하면서 궁극적으로 스피킹의
기본기를 체득할 수 있는 주니어를 위한 영어 낭독 훈련 교재

주니어 영어 암송 훈련 시리즈

❶ Classroom 교실 | ❷ Home 가정 | ❸ Fun 취미생활 | ❹ Lifestyle 여가생활 | ❺ Language
Arts•Social Studies • Music 언어 • 사회 • 음악 | ❻ Math • Science • Art 수학 • 과학 • 미술
박광희 · 캐나다 교사 영낭훈 연구팀 지음 | 대국판 | 1~4권 10,000원 | 5~6권 11,000원
부록 : (MP3 파일 + 플래시 카드 PDF) CD 1장

내 몸이 기억할 때까지 암송해야 스피킹이 폭발적으로 터지게 됩니다!

Let's Speak 영어 낭독 훈련 시리즈

❶ Let's Speak 영어 낭독 훈련 D1 | ❷ Let's Speak 영어 낭독 훈련 D2 | ❸ Let's Speak 영어 낭독 훈련 D3 | ❹ Let's Speak 영어 낭독 훈련 E1 | ❺ Let's Speak 영어 낭독 훈련 E2 | ❻ Let's Speak 영어 낭독 훈련 E3 | ❼ Let's Speak 영어 낭독 훈련 F1 | ❽ Let's Speak 영어 낭독 훈련 F2 | ❾ Let's Speak 영어 낭독 훈련 F3

Steve Brown, 조 희 지음 | 각권 12,600원 | 부록 : MP3 CD 1, Workbook 1(책속 책)

당당하게 너의 이야기를 영어로 말해봐!

초등학교 시기는 영어를 점수를 따야 하는 학과목이 아닌 의사소통의 도구로 학습할 수 있는 황금기입니다. 하지만, 이제 막 열린 언어 항아리에 아무것이나 채워 넣는다고 해서 영어로 말하게 되는 것은 아닙니다. 어려운 단어를 줄줄 외우는 것 보다 중요한 것은 실생활에서 자주 쓰이는 단어와 표현을 가지고 자연스러운 대화를 이어나갈 수 있는 능력입니다.

우리가 가장 잘 말할 수 있고, 가장 하고 싶은 이야기인 '나의 이야기'를 다양하게 다루고 있는 「Let's Speak 영어 낭독 훈련 시리즈」를 통해 영어로 입을 열게 되는 자신감을 쌓으세요!

중학 영어 문법 체화 훈련 – 중1

이인철, 최천문, 나우철 저 | 210×297 | 324쪽 | 15,000원 | MP3 CD 1, 낭독훈련북

중학 영어 문법 체화 훈련 – 중2

최천문, 나우철, 이인철 저 | 210×297 | 336쪽 | 15,000원 | MP3 CD 1, 낭독훈련북

중학 영어 문법 체화 훈련 – 중3

나우철, 이인철, 최천문 저 | 210×297 | 364쪽 | 15,000원 | MP3 CD 1, 낭독훈련북

중학 영어 단어 체화 훈련 1

AST English Lab 저 | 188×257 | 388쪽 | 14,500원 | MP3 파일+테스트북 다운로드

중학 영어 단어 체화 훈련 2

AST English Lab 저 | 188×257 | 388쪽 | 14,500원 | MP3 파일+테스트북 다운로드

중학 영어 문장 해석 훈련 1

이미애, 이은주, 나우철 저 | 210×297 | 132쪽 | 10,000원 | MP3 파일+정답 및 해설 다운로드

중학 영어 문장 해석 훈련 2

이은주, 나우철, 이미애 저 | 210×297 | 152쪽 | 10,000원 | MP3 파일+정답 및 해설 다운로드

중학 영어 문장 해석 훈련 3

나우철, 이미애, 이은주 저 | 210×297 | 142쪽 | 10,000원 | MP3 파일+정답 및 해설 다운로드

차근차근
그래머&
Grammar
라이팅
Writing

차근차근

그래머&
Grammar

라이팅 3
Writing

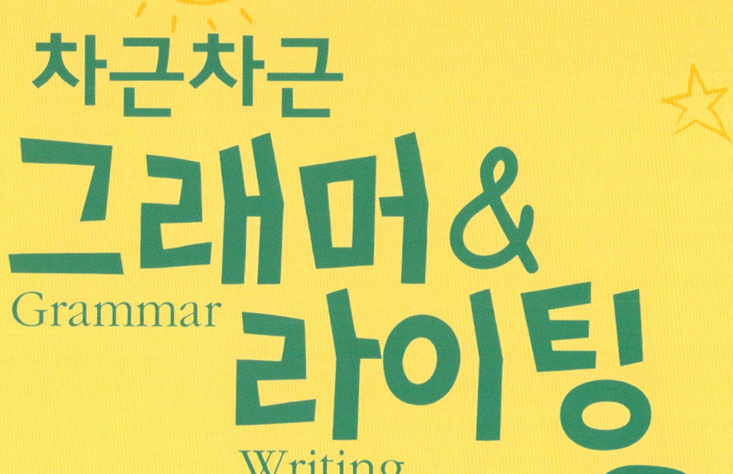

WORKBOOK

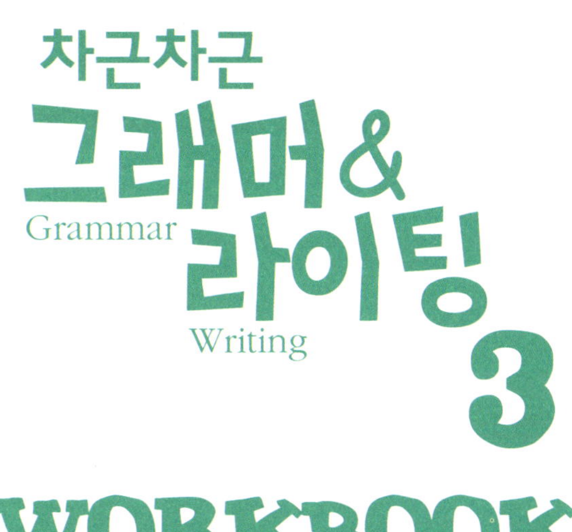

Contents

I will wear a new jacket.

A 다음을 will을 이용해 미래 시제 문장으로 바꿔 보세요.

1 It snows in winter. ➡

2 She did not play outside. ➡

3 I did not wear a shirt. ➡

4 They take their teddy bear. ➡

5 He visited her in Seoul. ➡

6 You did not go camping. ➡

B 빈칸에 알맞은 단어를 써서 미래 시제 문장을 만들어 보세요.

1  I ☐ ☐ a new jacket.
나는 새 재킷을 입을 것이다.

2 I ☐ ☐ a dress.
나는 원피스를 입지 않을 것이다.

3 I ☐ ☐ my favorite book.
나는 내가 가장 좋아하는 책을 가지고 갈 것이다.

4  It ☐ ☐ on Monday.
월요일에는 눈이 오지 않을 것이다.

5 I ☐ ☐ inside with my classmates.
나는 우리 반 친구들과 안에서 놀 것이다.

6  I ☐ ☐ fun at the camp.
나는 캠프에서 재미있게 놀 것이다.

C 알맞은 단어에 동그라미 한 다음, 전체 문장을 써 보세요.

1 I will (take / taking) a shower. 나는 샤워를 할 것이다.

➡

2 They won't (called / call) him tonight. 그들은 오늘 밤에 그에게 전화하지 않을 것이다.

➡

D 우리말을 참고하여 영어로 캠핑 계획에 대해 써 보세요.

캠핑 계획

우리 가족은 이번 주 일요일에 캠핑을 갈 것이다.

나는 바지를 입을 것이다.

나는 내가 가장 좋아하는 책들을 가지고 갈 것이다.

나는 나의 노트북 컴퓨터를 가지고 가지 않을 것이다. (my laptop computer)

나는 낚시하러 갈 것이다.

나는 캠프에서 즐거운 시간을 보낼 것이다.

UNIT 02   I'm going to have a party next Saturday.

A 다음을 괄호 안의 단어와 be going to를 이용해 미래 시제 문장으로 바꿔 보세요.

1 She meets him. (next week)

➡

2 They eat out. (tonight)

➡

3 He did not cook food. (tomorrow)

➡

B 빈칸에 알맞은 단어를 써서 미래 시제 문장을 만들어 보세요.

1  I'm ______ ______ ______ a party next Saturday. 나는 다음 토요일에 파티를 할 것이다.

2 I'm ______ ______ ______ invitation cards. 나는 초대장들을 보낼 것이다.

3 I'm ______ ______ ______ many friends. 나는 친구들을 많이 초대하지는 않을 것이다.

4  They ______ ______ ______ ______ ______ out. 그들은 외식을 하지 않을 것이다.

5  My grandmother ______ ______ ______ ______ a cake. 우리 할머니가 케이크를 구우실 것이다.

6  My brother ______ ______ ______ ______ his room. 우리 오빠는 자기 방 청소를 안 할 것이다.

C 알맞은 것에 동그라미 한 다음, 전체 문장을 써 보세요.

1 John isn't going (to visit / to visits) Scott next week.
존은 다음 주에 스캇을 방문하지 않을 것이다.

➡

2 They (aren't go / aren't going) to play tennis.
그들은 테니스를 치지 않을 것이다.

➡

D 우리말을 참고하여 영어로 나의 생일 파티에 대해 써 보세요.

나의 생일 파티

나는 다음 주 화요일에 파티를 열 것이다.

나는 초대장들을 보낼 것이다.

우리 엄마가 케이크를 구우실 것이다.

우리 언니가 집을 장식할 것이다.

우리 아빠가 음식을 요리할 것이다.

그것은 아주 대단한 파티가 될 것이다!

UNIT 03   Will you take a bus?

A   빈칸에 알맞은 단어를 넣어 앞으로의 일에 대해 묻고 대답해 보세요.

1   Will you ____________ to my party?

내 파티에 올 거니?

Yes, I ____________.

응, 그럴 거야.

2   Are you ____________ ____________ see the movie?

영화 보러 갈 예정이니?

Yes, I ____________.

응, 그럴 거야.

B   빈칸에 알맞은 단어를 써서 묻고 대답해 보세요.

1 

______ you ______ a bus?

- No, I ______ .

버스를 탈 거니?
– 아니, 안 탈 거야.

2

______ you going to ______ clothes?

- Yes, I ______ .

옷을 살 거니?
– 응, 그럴 거야.

3 

______ she ______ you new clothes?

- Yes, she ______ .

그녀가 네게 새 옷을 사줄까?
– 응, 그럴 거야.

4

______ you ______ ______ meet a friend?

- No, I'm ______ .

친구를 만날 거니?
– 아니, 그러지 않을 거야.

5 

______ they going to ______ the car?

- Yes, they ______ .

그들이 세차를 할까?
– 응, 그럴 거야.

6 

______ it ______ rain today?

- No, it ______ .

오늘 비가 올까?
– 아니, 안 올 거야.

C 알맞은 단어에 동그라미 한 다음, 전체 문장을 써 보세요.

1 (Will / Is) you go to the library? 도서관에 갈 거니?

➡

2 (Are / Will) they going to take the subway? 그들은 지하철을 탈 거니?

➡

3 Is it (going to / goes to) snow tonight? 오늘 밤에 눈이 올까?

➡

D 우리말을 참고하여 영어로 내일 계획에 대해 말해 보세요.

내일 계획

Sam: ____
나는 내일 시내에 나갈 거야. (be going to)

Gina: ____
지하철을 탈 거니? (will)

Sam: ____
아니, 안 그럴 거야. 나는 버스를 탈 거야. (will)

Gina: ____
옷을 살 거니? (be going to)

Sam: ____
아니, 안 그럴 거야. 나는 책을 살 거야. (be going to)

Gina: ____
재미있겠다!

UNIT 04 The math contest is on March 15.

A 보기에서 알맞은 전치사를 골라 빈칸을 채워 보세요.

1 My birthday is ____________ winter(겨울에).

2 The school finishes ____________ two(2시 전에).

3 I go to church ____________ Sunday(일요일에).

4 She was sleeping ____________ the class(수업시간 내내).

5 I played the piano ____________ three years(3년 동안).

6 My dad comes home ____________ seven thirty(7시 30분까지).

> 보기 in　　on　　for　　during　　by　　before

B 빈칸에 알맞은 전치사를 넣어 문장을 완성해 보세요.

1 
The math contest is ____________ March 15.

수학 경시 대회가 3월 15일에 있다.

2

The Winter Olympics is ____________ 2018.

동계 올림픽은 2018년에 있다.

3 
I went to the library ____________ 3:30.

나는 3시 30분에 도서관에 갔다.

4 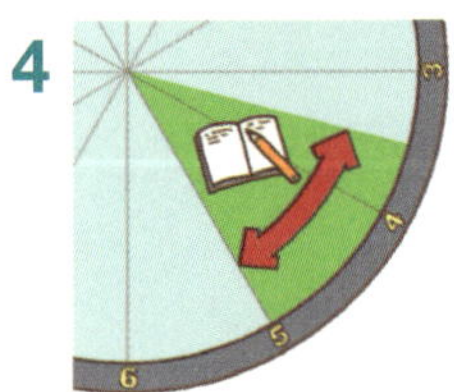
I studied ____________ 5 o'clock.

나는 5시까지 공부를 했다.

5 
I will stay here ____________ next Sunday.

나는 다음 일요일까지 여기에 머무를 것이다.

6 
Every day ____________ school, she went to the park.

매일 방과 후에, 그녀는 공원에 갔다.

C 알맞은 것에 동그라미 한 다음, 전체 문장을 써 보세요.

1 They watched TV (during / for) lunch. 그들은 점심식사 내내 텔레비전을 보았다.

➡

2 My sister studied for the exam (untill / by) 11 p.m. 언니는 밤 11시까지 계속 시험 공부를 했다.

➡

3 My birthday is (at / on) July 17. 내 생일은 7월 17일이다.

➡

D 우리말을 참고하여 영어로 과학 경시 대회 준비에 대해 써 보세요.

과학 경시 대회 준비

과학 경시 대회가 5월 23일에 있다.

나는 3개월 동안 경시 대회를 위해 공부했다.

나는 매일 6시 30분에 일어났다.

매일 방과 후에, 나는 과학 학원에 갔다.

나는 4시까지 공부했다.

나는 일등을 하고 싶다.

UNIT 05 — The bank is next to the police station.

A 보기에서 알맞은 전치사를 골라 빈칸을 채워 보세요.

1 The cat is ___________ the sofa(소파 위에).

2 The bank is ___________ the library and the store(도서관과 가게 사이에).

3 I am sitting ___________ Sally(샐리 옆에).

4 They live ___________ China(중국에서).

5 The boy hid ___________ the curtain(커튼 뒤에).

6 The post office is ___________ the pet shop(애완동물 가게 앞에).

> 보기 in　on　behind　between　next to　in front of

B 빈칸에 알맞은 전치사를 넣어 문장을 완성해 보세요.

1  I live ___ Seoul, Korea.
나는 한국, 서울에서 산다.

2  I am sitting ___ the tree.
나는 나무 아래에 앉아 있다.

3  The bank is ___ the police station.
은행은 경찰서 옆에 있다.

4  The police station is ___ the school.
경찰서는 학교 뒤에 있다.

5  She came ___ Paris.
그녀는 파리에서 왔다.

6  The man fell ___ the stairs.
남자는 계단 아래로 넘어졌다.

C 알맞은 것에 동그라미 한 다음, 전체 문장을 써 보세요.

1 The monkey is going (on / up) the tree. 그 원숭이는 나무 위로 올라가고 있다.

➡

2 My family is (in / at) home. 우리 가족은 집에 있다.

➡

3 The airplane is (behind / above) the school. 그 비행기는 학교 위에 있다.

➡

D 우리말을 참고하여 영어로 헬렌의 동네에 대해 써 보세요.

Helen의 동네

헬렌은 한국, 부산에서 살고 있다. (Busan)

그녀는 자기 집에 있다.

그녀의 집은 은행 옆에 있다.

도서관은 헬렌의 집 앞에 있다.

슈퍼마켓은 도서관과 서점 사이에 있다.

경찰서는 슈퍼마켓 뒤에 있다.

She speaks very quickly.

A 보기에서 알맞은 부사를 골라 빈칸을 채워 보세요.

1 Jeff ____________ (조심스럽게) opened the door.

2 The math test was ____________ (너무) easy.

3 I speak Japanese ____________ (잘) .

4 The boy ran ____________ (빠르게) to the house.

5 You sang a song ____________ (매우) nicely.

보기   carefully   quickly   too   very   well

B 빈칸에 알맞은 부사를 넣어 문장을 완성해 보세요.

1 
He smiles ____________ nicely.
그는 아주 다정하게 미소를 짓는다.

2 
Mrs. Lee walks ____________ .
이 여사는 천천히 걷는다.

3 
David is a ____________ funny boy.
데이빗은 진짜로 재미있는 남자아이이다.

4 
I cooked ramen ____________ ____________ .
나는 라면을 매우 쉽게 끓였다.

5 
My neighbors are ____________ kind people.
나의 이웃들은 아주 착한 사람들이다.

6 

It's ____________ late.
너무 늦었다.

C 알맞은 것에 동그라미 한 다음, 전체 문장을 써 보세요.

1 The actress walks (beautifully / easy). 그 여배우는 아름답게 걷는다.

➡

2 He can draw a picture (really / so) easily. 그는 진짜로 쉽게 그림을 그릴 수 있다.

➡

3 This T-shirt is (too / hard) big. 이 티셔츠는 너무 크다.

➡

D 우리말을 참고하여 영어로 저스틴의 이웃들에 대해 써 보세요.

Justine 이웃들

저스틴은 그의 집 근처에 좋은 이웃들을 가지고 있다.

스미스 씨(Ms. Smith)는 요리를 매우 잘한다.

팀 씨(Mr. Tim)는 천천히 말한다.

케빈(Kevin)과 티나(Tina)는 저스틴의 집 뒤에 산다.

박 여사님(Mrs. Park)은 저스틴의 집 앞에 산다.

저스틴의 이웃들은 아주 착한 사람들이다.

UNIT 07

He needs some flour and a few apples.

A 보기에서 알맞은 단어를 골라 빈칸을 채워 보세요.

1 There are ____________ (거의 없는) books.

2 There isn't ____________ (조금도) juice.

3 There are ____________ (많은 수의) cars.

4 There is ____________ (조금의) butter.

5 There is ____________ (약간의) apples.

보기

any	some	few	a little	many

B 빈칸에 알맞은 표현을 써서 문장을 완성해 보세요.

1 He bakes ____________ ____________ pies.

그는 파이를 몇 개 굽는다.

2 He bakes ____________ ____________ cakes.

그는 케이크를 많이 굽는다.

3  He needs ____________ flour.

그는 밀가루가 좀 필요하다.

4 He needs ____________ apples and ____________ sugar.

그는 사과 몇 개와 설탕이 조금 필요하다.

5  He needs ____________ eggs and ____________ ____________ flour.

그는 많은 달걀과 많은 밀가루가 필요하다.

C 알맞은 것에 동그라미 한 다음, 전체 문장을 써 보세요.

1 They have (much **/** a lot of) oranges. 그들은 많은 수의 오렌지를 가지고 있다.

➡

2 There is (a little / a few) juice in the glass. 잔에는 주스가 조금 있다.

➡

D 우리말을 참고하여 영어로 지아의 제과점에 대해 써 보세요.

Jia의 제과점

지아는 훌륭한 제빵사다.

그녀는 많은 쿠키와 컵케이크 몇 개를 굽는다.

내일 그녀는 컵케이크를 6개 구울 것이다.

그녀는 약간의 밀가루, 많은 수의 초콜릿 조각, 그리고 약간의 버터가 필요하다.

지아는 쿠키도 20개 구울 것이다. (, too)

그녀는 많은 양의 설탕, 많은 수의 계란이 필요하고 레몬 주스는 거의 필요없다.

하지만 그녀는 우유가 조금도 필요하지 않다.

UNIT 08

I always watch TV in the afternoon.

A 보기에서 알맞은 빈도부사를 골라 빈칸을 채워 보세요.

1 You _______ drink milk. (80%)

2 I _______ watch movies. (60%)

3 Jack _______ does his homework. (100%)

4 We _______ play soccer. (20%)

5 She _______ keeps a diary. (0%)

6 They _______ watch movies. (40%)

보기 sometimes   often   usually   always   rarely   never

B 빈칸에 알맞은 빈도부사를 넣어 문장을 완성해 보세요.

1 
I _______ watch TV in the afternoon.
나는 항상 오후에 텔레비전을 본다.

2 
I _______ go to English academy at 4:30.
나는 보통 4시 30분에 영어 학원에 간다.

3 
I _______ help my mother set the table.
나는 자주 엄마를 도와 밥상을 차린다.

4 
I _______ go to school on Saturday.
나는 가끔 토요일에 학교에 간다.

5 
I _______ play with my little brother in the evening. 나는 좀처럼 남동생과 저녁에 놀지 않는다.

6 
I am _______ late for school.
나는 절대 학교에 지각하지 않는다.

C 알맞은 것에 동그라미 한 다음, 전체 문장을 써 보세요.

1 They (always / never) eat apples at night.
그들은 절대 밤에 사과를 먹지 않는다.

➡

2 Fred is (rarely / often) at home at 6 p.m.
프레드는 좀처럼 저녁 6시에 집에 있지 않는다.

➡

D 우리말을 참고하여 영어로 나의 일주일에 대해 써 보세요.

나의 일주일

나는 항상 주중에는 학교에 간다.

나는 평소에는 영어 학원에 간다.

나는 때때로 저녁식사 전에 컴퓨터 게임을 한다.

나는 절대 내 남동생과 농구를 하지 않는다.

나는 좀처럼 자기 전에 운동을 하지 않는다. (before bed)

UNIT 09 — Peter is taller than me.

A 보기에 주어진 형용사를 알맞은 형태로 바꿔 빈칸을 채워 보세요.

1 John is ______________________ (~보다 나이가 더 많은) Ron.

2 Today is ______________________ (제일 더운) day.

3 Gina is ______________________ (제일 예쁜) girl in my classroom.

4 My picture is ______________________ (~보다 더 나은) yours.

5 She is ______________________ (제일 아름다운) actress.

> 보기   beautiful   good   happy   hot   old   pretty

B 빈칸에 알맞은 단어를 넣어 문장을 완성해 보세요.

1 

My friend Allen is ______ ______ I am.

나의 친구 엘런은 나보다 키가 작다.

2 

Peter is ______ ______ and ______ ______ in our school.

피터는 우리 학교에서 가장 키가 크고 덩치가 가장 크다.

3 

It is ______ ______ movie.

그것은 최악의 영화이다.

4 

He is ______ ______.

그는 가장 빠르다.

5 

It is ______ ______ mine.

그것은 내 것보다 새 것이다.

6 

It is ______ ______ Kevin's.

그것은 케빈의 것보다 낡았다.

C 알맞은 것에 동그라미 한 다음, 전체 문장을 써 보세요.

1 Jack is (the youngest / younger than) in his family.
잭은 그의 가족 중에서 가장 어리다.

➡

2 The weather is (the hottest / hotter than) yesterday.
날씨가 어제보다 더 덥다.

➡

D 우리말을 참고하여 영어로 나의 친구들에 대해 써 보세요.

나의 친구들

나의 친구 켈리(Kelly)는 나보다 키가 크다.

토니(Tony)는 우리 학교에서 가장 똑똑하다.

블레어(Blair)는 가장 예쁘다.

그녀는 항상 가장 비싼 옷을 입는다.

헬렌(Helen)의 새끼 고양이는 나의 강아지보다 작다.

그것은 세상에서 가장 귀여운 새끼 고양이다.

Staying home is enjoyable.

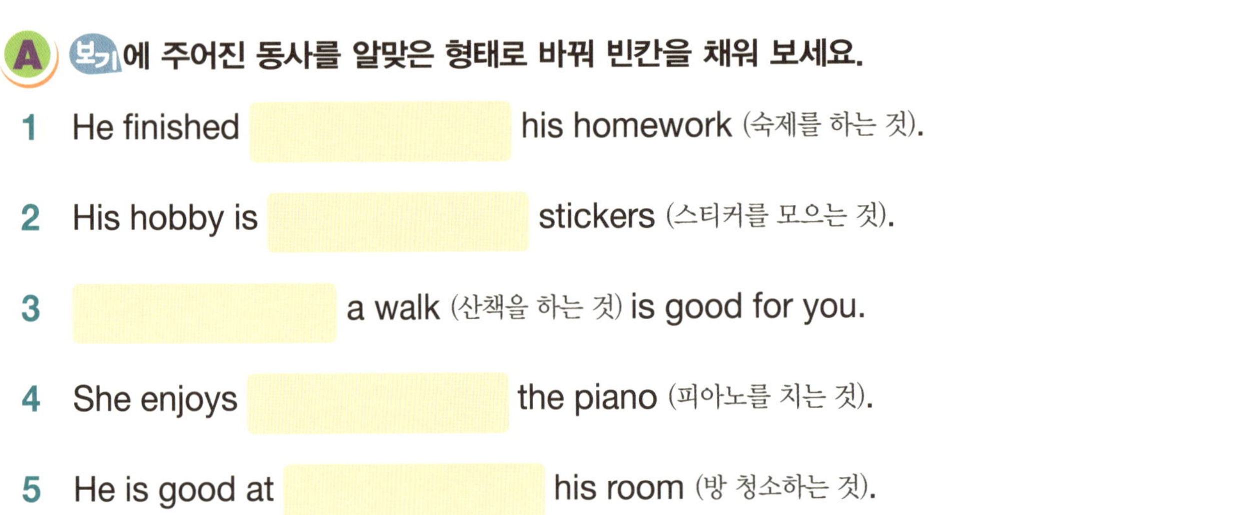

A 보기에 주어진 동사를 알맞은 형태로 바꿔 빈칸을 채워 보세요.

1 He finished ____________ his homework (숙제를 하는 것).

2 His hobby is ____________ stickers (스티커를 모으는 것).

3 ____________ a walk (산책을 하는 것) is good for you.

4 She enjoys ____________ the piano (피아노를 치는 것).

5 He is good at ____________ his room (방 청소하는 것).

보기   clean   collect   do   play   take

B 빈칸에 알맞은 동명사를 넣어 문장을 완성해 보세요.

1 
I like ____ inside the house.
나는 집 안에서 지내는 것을 좋아한다.

2 

I enjoy ____ stories.
나는 이야기를 쓰는 것을 즐긴다.

3 
My hobby is ____ pictures.
나의 취미는 그림을 그리는 것이다.

4 
Her job is ____ clothes.
그녀의 직업은 옷을 만드는 것이다.

5 

Thank you for ____ me.
나를 초대해 줘서 고맙다.

6 

____ information through the Internet is fun.
인터넷을 통해 정보를 찾는 것은 즐겁다.

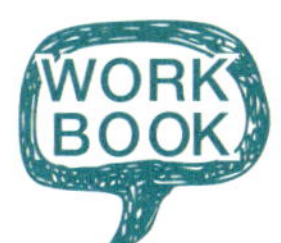

C 알맞은 것에 동그라미 한 다음, 전체 문장을 써 보세요.

1 I dream of (go / **going**) to Europe. 나는 유럽에 가는 것을 꿈꾼다.

➜

2 I enjoy (cook / **cooking**) fried rice. 나는 볶음밥 요리하기를 즐긴다.

➜

D 우리말을 참고하여 영어로 나의 취미에 대해 써 보세요.

나의 취미

나는 집 안에서 지내는 것을 좋아하지 않는다.

나는 밖에서 하는 활동들을 좋아한다.

나의 취미는 자전거를 타는 것이다.

나는 수영을 잘한다.

나는 물 속에서 노는 것을 즐긴다.

UNIT 11 — To read many books is very important.

A 보기에 주어진 동사를 to부정사로 바꿔 빈칸을 채워 보세요.

1 She likes ______ ______ (먹는 것을) pizza.

2 My hobby is ______ ______ pictures (사진 찍기).

3 ______ ______ (만드는 것은) a sandwich is not hard.

4 Her plan is ______ ______ (운동하기) a lot.

5 ______ ______ (연습하는 것은) the flute is fun.

보기   eat   exercise   make   practice   study   take

B 빈칸에 to부정사를 넣어 문장을 완성해 보세요.

1  ______ ______ many books is very important.
책을 많이 읽는 것은 매우 중요하다.

2  ______ ______ food is easy.
음식을 요리하는 것은 쉽다.

3  My dream is ______ ______ a pilot.
나의 꿈은 비행기 조종사가 되는 것이다.

4  I want ______ ______ an airplane.
나는 비행기를 타고 싶다.

5  I decided ______ ______ to the library after school.
나는 방과 후에 도서관에 가기로 결정했다.

6  She loves ______ ______ a song.
그녀는 노래 부르는 것을 매우 좋아한다.

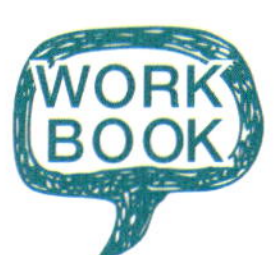

C 알맞은 것에 동그라미 한 다음, 전체 문장을 써 보세요.

1 (To learn / Learned) Chinese is difficult. 중국어를 배우는 것은 어렵다.

➡

2 I decided (visiting / to visit) my grandmother. 나는 할머니댁에 가기로 결정했다.

➡

D 우리말을 참고하여 영어로 나의 올해 계획에 대해 써 보세요.

나의 올해 계획

이제 나는 4학년이 될 것이다.

나의 계획은 수학 공부하기와 일기 쓰기이다.

나는 방과 후에 수학 학원에 가기로 결정했다.

나는 수학 시험에서 A를 받고 싶다. (to get an A)

나는 멋진 4학년생이 될 것이다.

UNIT 12 — I need something to eat.

A 보기에 주어진 동사를 to부정사로 바꿔 빈칸을 채워 보세요.

1 He needs something ________ ________ (입을).

2 I was surprised ________ ________ (듣고) the news.

3 They have no paper ________ ________ (쓸) on.

4 She is old enough ________ ________ (쇼핑하기에) alone.

5 I came ________ ________ (보기 위하여) you.

| 보기 | hear | see | shop | wear | write |

B 빈칸에 to부정사를 넣어 문장을 완성해 보세요.

1 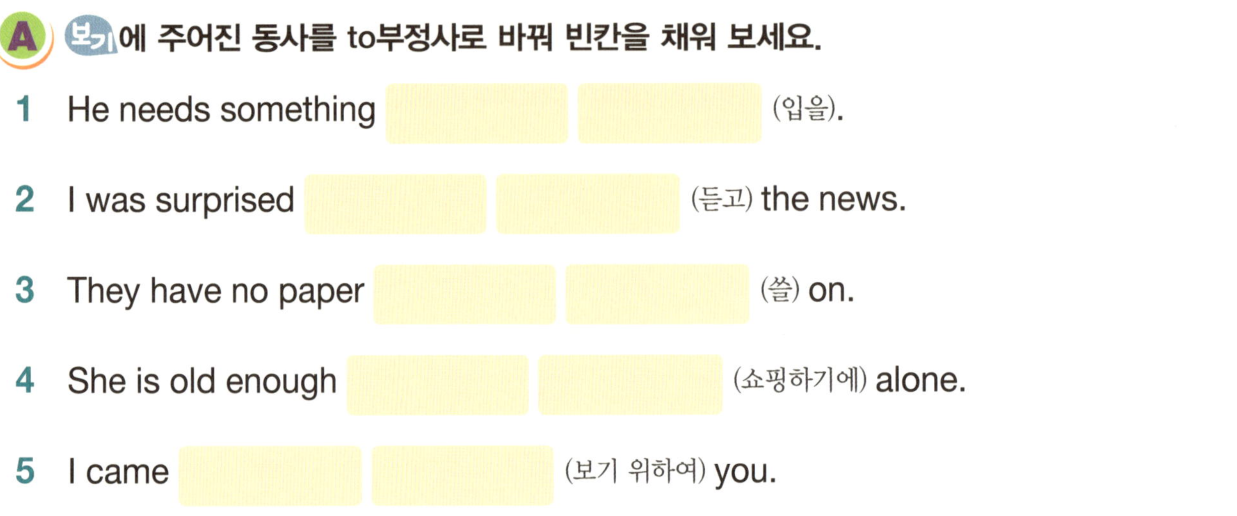

I needed something ________ ________ .

나는 먹을 게 필요했다.

2 The teacher had no time ________ ________ the homework.

선생님은 숙제를 검사할 시간이 없었다.

3 

I hurried ________ ________ the bus.

나는 버스를 잡기 위해 서둘렀다.

4 They have many things ________ ________ .

그들은 해야 할 것들이 많다.

5 

He was happy ________ ________ the news.

그는 그 소식을 듣고 기뻤다.

6 

This water is not good ________ ________ .

이 물은 마시기에 적합하지 않다.

C 알맞은 것에 동그라미 한 다음, 전체 문장을 써 보세요.

1 I don't have a book (to read / reading). 나는 읽을 책이 없다.

➜

2 We have a few cookies (eats / to eat). 우리는 먹을 과자가 조금 있다.

➜

3 She got up early (exercising / to exercise) 그녀는 운동을 하기 위해 일찍 일어났다.

➜

D 우리말을 참고하여 영어로 운 좋은 날에 대해 써 보세요.

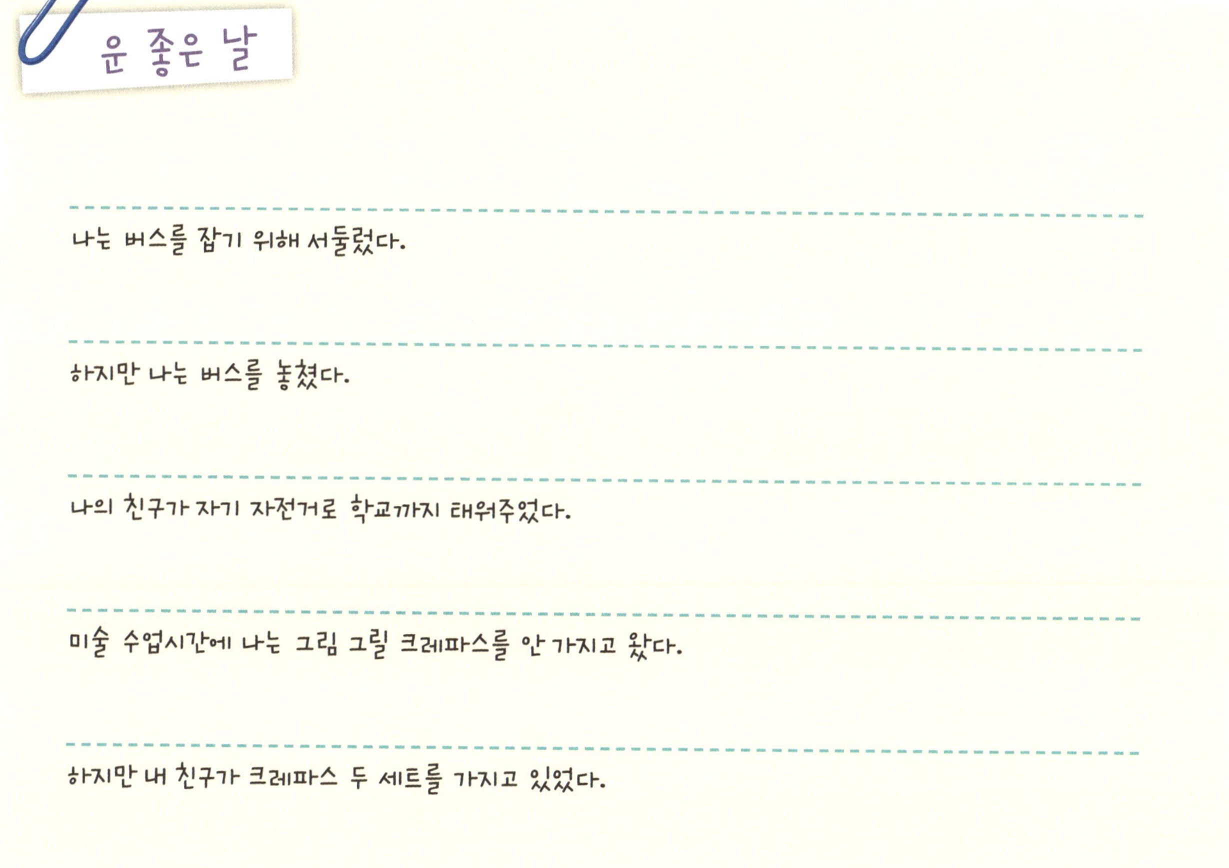

운 좋은 날

나는 버스를 잡기 위해 서둘렀다.

하지만 나는 버스를 놓쳤다.

나의 친구가 자기 자전거로 학교까지 태워주었다.

미술 수업시간에 나는 그림 그릴 크레파스를 안 가지고 왔다.

하지만 내 친구가 크레파스 두 세트를 가지고 있었다.

오늘은 운이 좋은 날이었다!

Answers WORK BOOK

UNIT 01

 **A**

1 It will snow in winter.
2 She will not[= won't] play outside.
3 I will not[= won't] wear a shirt.
4 They will take their teddy bear.
5 He will visit her in Seoul.
6 You will not[= won't] go camping.

B

1 will wear
2 won't wear
3 will take
4 won't snow
5 will play
6 will have

 **C**

1 I will take a shower.
2 They won't call him tonight.

 **D**

My family will go camping this Sunday.
I will wear pants.
I will take my favorite books.
I won't take my laptop computer.
I will go fishing.
I will have fun at the camp.

UNIT 02

 **A**

1 She is going to meet him next week.
2 They are going to eat out tonight.
3 He is not going to cook food tomorrow.

 **B**

1 going to have
2 going to send
3 not going to invite
4 are not going to eat
5 is going to bake
6 is not going to clean

 **C**

1 John isn't going to visit Scott next week.
2 They aren't going to play tennis.

 **D**

I'm going to have a party next Tuesday.
I'm going to send invitation cards.
My mom is going to bake a cake.
My sister is going to decorate the house.
My dad is going to cook food.
It's going to be a great party!

 **UNIT 03**

pp.6~7

 **A**

1 come / will
2 going to / am

 **B**

1 Will / take / won't
2 Are / buy / am
3 Will / buy / will
4 Are / going to / not
5 Are / wash / are
6 Is / going to / isn't

 **C**

1 Will you go to the library?
2 Are they going to take the subway?
3 Is it going to snow tonight?

 **D**

Sam I'm going to go to the city tomorrow.
Gina Will you take a subway?
Sam No, I won't. I will take a bus.
Gina Are you going to buy clothes?
Sam No, I'm not. I'm going to buy a book.
Gina That sounds like fun!

 **UNIT 04**

pp.8~9

 **A**

1 in   2 before
3 on   4 during
5 for   6 by

 **B**

1 on   2 in
3 at   4 until
5 until   6 after

 **C**

1 They watched TV during lunch.
2 My sister studied for the exam until 11 p.m.
3 My birthday is on July 17.

D

The science contest is on May 23.
I studied for the contest for three months.
I woke up at 6:30 every day.
Every day after school, I went to the science institute.
I studied until 4 o'clock.
I want to win the first prize.

UNIT 05

A

1	on	2	between
3	next to	4	in
5	behind	6	in front of

B

1	in	2	under
3	next to	4	behind
5	from	6	down

C

1 The monkey is going up the tree.
2 My family is at home.
3 The airplane is above the school.

D

Helen lives in Busan, Korea.
She is at her house.
Her house is next to the bank.
The library is in front of Helen's house.
The supermarket is between the library and the bookstore.
The police station is behind the supermarket.

UNIT 06

A

1	carefully	2	too
3	well	4	quickly
5	very		

B

1	very	2	slowly
3	really	4	so easily
5	very	6	too

C

1 The actress walks beautifully.
2 He can draw a picture really easily.
3 This T-shirt is too big.

D

Justin has good neighbors near his house.
Ms. Smith cooks very well.
Mr. Tim speaks slowly.
Kevin and Tina live behind Justin's house.
Mrs. Park lives in front of Justin's house.
Justin's neighbors are very kind people.

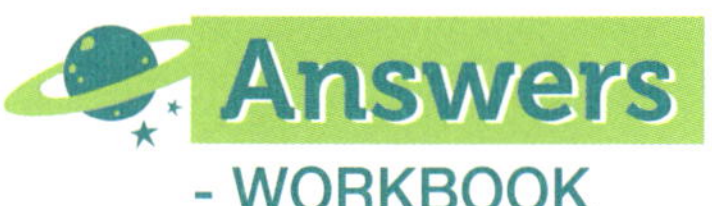

UNIT 07 pp.14~15

 **A**

1	few	2	any
3	many	4	a little
5	some		

 **B**

1	a few	2	lots of
3	some	4	a few, a little
5	many, a lot of		

C

1 They have a lot of oranges.
2 There is a little juice in the glass.

 **D**

Jia is a great baker.
She bakes a lot of cookies and a few cupcakes.
Tomorrow she will bake six cupcakes.
She needs some flour, many chocolate chips, and a little butter.
Jia will bake twenty cookies, too.
She needs a lot of sugar, many eggs, and little lemon juice.
But she won't need any milk.

UNIT 08 pp.16~17

 **A**

1	usually	2	often
3	always	4	rarely
5	never	6	sometimes

 **B**

1	always	2	usually
3	often	4	sometimes
5	rarely	6	never

C

1 They never eat apples at night.
2 Fred is rarely at home at 6 p.m.

 **D**

I always go to school on weekdays.
I usually go to the English academy.
I sometimes play a computer game before dinner.
I never play basketball with my brother.
I rarely exercise before bed.

 **UNIT 09**

 **A**

1 older than
2 the hottest
3 the prettiest
4 better than
5 the most beautiful

 **B**

1 shorter than
2 the tallest / the biggest
3 the worst
4 the fastest
5 newer than
6 older than

 **C**

1 Jack is the youngest in his family.
2 The weather is hotter than yesterday.

 **D**

My friend Kelly is taller than I am.
Tony is the smartest in our school.
Blair is the prettiest.
She always wears the most expensive clothes.
Helen's kitten is smaller than my puppy.
It is the cutest kitten in the world.

 **UNIT 10**

 **A**

1 doing
2 collecting
3 Taking
4 playing
5 cleaning

 **B**

1 staying
2 writing
3 drawing
4 making
5 inviting
6 Finding

 **C**

1 I dream of going to Europe.
2 I enjoy cooking fried rice.

 **D**

I don't like staying inside the house.
I like doing activities outside.
My hobby is riding a bike.
I am good at swimming.
I enjoy playing in the water.

UNIT 11

pp.22~23

A

1 to eat   2 to take
3 To make   4 to exercise
5 To practice

B

1 To read   2 To cook
3 to become   4 to fly
5 to go   6 to sing

C

1 To learn Chinese is difficult.
2 I decided to visit my grandmother.

D

Now I am going to be a fourth grader.
My plan is to study math and to keep a diary.
I decided to go to the math academy after school.
I want to get an A on the math test.
I'm going to be a great fourth grader.

UNIT 12

pp.24~25

A

1 to wear   2 to hear
3 to write   4 to shop
5 to see

B

1 to eat   2 to check
3 to catch   4 to do
5 to hear   6 to drink

C

1 I don't have a book to read.
2 We have a few cookies to eat.
3 She got up early to exercise.

D

I hurried to catch the bus.
But I missed the bus.
My friend gave me a ride to school with his bike.
During the art class, I didn't bring crayons to draw with.
But my friend had two sets of crayons.
Today was a lucky day!

Answers 본책

UNIT 01

C

1 will study
2 will email
3 will call
4 will play

D

1 Laura will study math.
   Laura will not[won't] study math.
2 I will take a shower.
   I will not[won't] take a shower.

E

Translation

우리 반은 이번 금요일에 캠핑을 갈 것이다.
나는 새 재킷을 입을 것이다.
나는 원피스를 입지 않을 것이다.
나는 내가 가장 좋아하는 책을 가지고 갈 것이다.
나는 내 곰인형을 가지고 가지 않을 것이다.
이번 토요일에는 비가 올 것이다.
나는 밖에서 놀지 않을 것이다.
나는 안에서 우리 반 친구들과 놀 것이다.
나는 캠프에서 재미있게 놀 것이다.

Our class will go camping on Friday.
I will wear a new jacket.
I won't wear a dress.
I will take my favorite book.
I won't take my teddy bear.
It will rain this Saturday.
I won't play outside.
I will play inside with my classmates.
I will have fun at the camp.

F

1 I won't take my teddy bear.
2 I will have fun at the camp.
3 I will wear a new jacket.

G

Our class will   go on a field trip this Tuesday.
I will   take my camera.
I won't   take my MP3 player.
I will   sit with Jack on the bus.
I won't   sit with Sam.
It will   snow this Tuesday.
I won't   wear my new shoes.
I will   wear boots.
I will   have a good time!

H

Our class will go for a picnic this Wednesday.
I will wear shorts.
I won't wear a skirt.
I will take some sandwiches and soda.
I won't take candies.
It will rain this Wednesday.
I won't eat outside.
I will eat inside.
I will have fun at the picnic.

UNIT 02

C

1 is going to study
2 are going to play
3 am going to clean
4 isn't going to visit

D

1 My dad is going to cook food.
  My dad is not[isn't] going to cook food.
2 You are going to decorate the room.
  You are not[aren't] going to decorate the room.

E

Translation 

내 생일은 6월 7일이다.
나는 다음 토요일에 파티를 할 것이다.
나는 초대장들을 보낼 것이다.
나는 친구들을 많이 초대하지는 않을 것이다.
우리 할머니는 케이크를 구울 것이다.
우리 아빠는 집을 꾸밀 것이다.
우리 엄마와 누나는 음식을 요리할 것이다.
대단한 파티가 될 것이다!

My birthday is on June 7.
I'm going to have a party next Saturday.
I'm going to send invitation cards.
I'm not going to invite many friends.
My grandmother is going to bake a cake.
My dad is going to decorate the house.
My mom and sister are going to cook food.
It's going to be a great party!

F

1 My dad is going to decorate the house.
2 I am going to have a party next Saturday.
3 I am not going to invite many friends.

G

My birthday is on December 2.
I'm going to have a party tomorrow.
I'm going to invite friends.
I'm not going to send invitation cards.
My father is going to buy me a birthday cake.
My mother is going to bake cookies.
My friends are going to give me presents.

It's going to be a great party!

H

My birthday is on March 30.
I'm going to have a party next Sunday.
I'm not going to invite many friends.
My mom is going to cook food.
My dad is going to buy me a new bike.
My brother and sister are going to decorate the house.
It's going to be a great party!

UNIT 03

pp.26~30

C

1 Will, take / will
2 Are / aren't
3 Will, go / I won't
4 Is / he is

D

1 Is it going to snow tonight?
  No, it isn't[is not].
2 Will he come to the party tomorrow?
  Yes, he will.

E

Translation 

A 난 내일 시내에 갈 거야.
  쇼핑몰에서 쇼핑을 할 거야.
B 버스를 탈 거니?
A 아니, 그러지 않을 거야. 지하철을 탈 거야.
B 너는 옷을 살 거니?
A 응, 그럴 거야. 그리고 점심을 먹을 거야.
B 거기서 친구를 만날 거니?
A 아니, 그러지 않을 거야. 우리 이모를 만날 거야.
B 그녀가 너에게 새 옷들을 사 주실까?
A 응, 그러실 거야.
B 넌 좋겠다!

A I'm going to go to the city tomorrow.
  I'm going to shop at the mall.
B Will you take a bus?
A No, I won't. I will take the subway.
B Are you going to buy clothes?
A Yes, I am. And I'm going to have lunch.
B Are you going to meet a friend there?
A No, I'm not. I'm going to meet my aunt.
B Will she buy you new clothes?
A Yes, she will.
B You're lucky!

F

1 Will she buy you new clothes?
2 Are you going to meet your friend?
3 Are you going to shop at the mall?

G

A I'm _going_ _to_ _go_ to the city tomorrow.
  I _will_ _see_ a movie.
B _Will_ you _take_ the subway?
A No, _I_ _won't_. I will ride a bike.
B _Are_ you _going_ to _meet_ Mike?
A No, _I'm_ _not_. I'm going to meet Peter.
B _Are_ you _going_ to _see_ Avengers 4?
A Yes, _we_ _are_.
B _Will_ you _come_ home after the movie?
A No, _we_ _won't_. We will stop at a PC Room.
B That sounds like fun!

H

나 I'm going to go to the city tomorrow. / I will
  go to the city tomorrow.
친구 Are you going to take a bus? / Will you take
  a bus?
나 No, I'm not. I'm going to take a taxi. / No, I
  won't. I will take a taxi.
친구 Will you buy a comic book? / Are you going
  to buy a comic book?
나 No, I won't. I will buy a storybook. / No, I'm
  not. I'm going to buy a storybook.

친구 Are you going to stop at the stationery
  store? / Will you stop at the stationery store?
나 Yes, I am. I'm going to buy a pencil case. /
  Yes, I will. I will buy a pencil case.
친구 Will you buy a pen? / Are you going to buy a
  pen?
나 No, I won't. I have many pens. / No, I'm not.
  I have many pens.

Unit 01~03
REVIEW TEST
   pp.32~35

A Summer Vacation
Our family will go on a trip this summer vacation.
1 We will go to Jeju Island.
I'm going to take my camera and a swimming
suit.
2 I'm going to swim in the sea.
3 My dad and I are going to go fishing.
4 My mom is not going to go fishing.
She does not like fishing.
5 We won't take our dog, Fluffy.
6 It is going to stay at my grandparents' house.
 Will you go on a trip this summer vacation?

제이크가 제주도에서 하려는 것 swim, go fishing

WOrds go on a trip 여행을 가다 summer vacation 여름방학 take
(물건을) 가져가다, (사람이나 애완동물을) 데려가다 swimming
suit 수영복 swim 수영하다 go fishing 낚시하러 가다 stay
머무르다 grandparents 조부모(할머니, 할아버지)

 **Translation**

우리 가족은 이번 여름방학 때 여행을 갈 것이다.
우리는 제주도에 갈 것이다.
나는 카메라와 수영복을 가져갈 것이다.
나는 바다에서 수영할 것이다.
우리 아빠랑 나는 낚시를 하러 갈 것이다.
우리 엄마는 낚시하러 가지 않으실 것이다.
엄마는 낚시하는 것을 좋아하지 않으신다.
우리 개, 플러피는 데리고 가지 않을 것이다.
플러피는 할아버지 할머니 댁에 남아 있을 것이다.
넌 올 여름방학에 여행을 갈 거니?

B Word Search

1	tomorrow	6	outside
2	Wednesday	7	picnic
3	subway	8	rain
4	invitation	9	party
5	meet	10	decorate

j	n	t	e	z	e	f	b	m	e	e	t
p	i	c	n	i	c	x	q	i	o	k	o
o	u	t	s	i	d	e	Y	o	i	l	m
W	R	k	r	D	e	u	F	M	n	d	o
e	r	w	d	h	c	s	r	b	n	e	r
d	j	m	s	b	o	a	i	r	i	s	r
n	g	x	e	o	r	m	d	e	x	i	o
e	t	c	e	f	a	k	a	n	t	r	w
s	l	p	a	r	t	y	y	v	a	a	o
d	e	r	T	u	e	r	t	u	p	i	p
a	i	n	v	i	t	a	t	i	o	n	e
y	c	g	u	s	u	b	w	a	y	v	x

C Complete

1 will take   2 going, see
3 Will, come   4 won't wear

D Question & Answer

1 Q Will you take a notebook?
  A Yes, I will.
  Translation 
    Q 너는 노트북을 가져갈 거니?
    A 응, 그럴 거야.

2 Q Are you going to wear boots?
  A Yes, I am.
  Translation 
    Q 너는 부츠를 신을 거니?
    A 응, 그럴 거야.

3 Q Will you take a teddy bear?
  A No, I won't.
  Translation 
    Q 너는 곰인형을 가져갈 거니?
    A 아니, 그러지 않을 거야.

4 Q Are they going to take a camera?
  A Yes, they are.
  Translation
    Q 그들은 카메라를 가져갈까?
    A 응, 그럴 거야.

E Changing Sentences

1 Will he take a nap?
2 You are going to meet a friend.
3 It will not[= won't] rain today.
4 No, he won't.
5 She will take the subway.
6 Jack is not[isn't] going to wear his new shoes.
7 Yes, he is.

F Making Sentences

1 I will email you tomorrow. / I'm going to email you tomorrow.
2 We are not going to eat out. / We will not[= won't] eat out.
3 Is he going to wash the car? / Will he wash the car?

UNIT 04

pp.38~42

C

1 for   2 after   3 during   4 on

D

1 I was born in 2005.
2 My brother studied for the exam until 11 p.m.
3 They're going to meet her at 4:30.

수학 경시 대회가 3월 15일에 있다.
제임스는 두 달 동안 경시 대회를 위해 공부했다.
그는 매일 6시에 일어났다.
그는 등교하기 전에 그것을 공부를 했다.
매일 방과 후에 제임스는 도서관에 갔다.
그는 거기에서 5시까지 공부했다.
제임스는 집에 와서 저녁을 먹었다.
그는 저녁식사 동안 수학에 대해 생각했다.
제임스는 1등을 하고 싶어 한다.

The math contest is on March 15.
James studied for the contest for two months.
He woke up at 6 o'clock every day.
He studied it before going to school.
Every day after school, James went to the library.
He studied there until 5 o'clock.
James came home and had dinner.
He thought about math during dinner.
James wants to win the first prize.

1 The math contest is on March 15.
2 He studied there until 5 o'clock.
3 He studied it before going to school.

The English Speech Contest is in August.
Sonia prepared for the contest for three weeks.
She woke up at 7 o'clock every day.
She practiced her speech until 8 o'clock.
Every day after school, Sonia went to the
English institute.
She studied English there until 4:30.
She talked about the speech during dinner.
Sonia wants to win the first prize.

The piano contest is on October 10.
I prepared for the contest for four months.

I woke up at 6:30 every day.
I played the piano before going to school.
Every day after school, I went to the piano institute.
I practiced the piano there until 5 o'clock.
I listened to piano music during dinner.
I want to win the first prize.

UNIT 05

pp.46~50

1 above   2 in   3 next to   4 up

1 The books are <u>on</u> the desk.
2 The police station is <u>behind</u> the bank.
3 Birds fly to China <u>from</u> Japan.
4 My family is <u>at</u> home.

나는 한국, 서울에 산다.
나는 집에 있다. 나는 나무 아래에 앉아 있다.
우리 마을에는 건물이 많다.
우리 집은 슈퍼마켓 앞에 있다.
학교는 우리 집과 공원 사이에 있다.
경찰서는 학교 뒤에 있다.
은행은 경찰서 옆에 있다.
경찰서 앞에 경찰차가 한 대 있다.
새 한 마리가 그 경찰차 위에 있다.
나는 우리 마을이 참 좋다.

I live in Seoul, Korea.
I am at my house. I am sitting under a tree.
There are many buildings in our town.
My house is in front of the supermarket.
The school is between my house and the park.
The police station is behind the school.
The bank is next to the police station.
There is a police car in front of the police station.

A bird is on the police car.
I like my town very much.

 **F**

1 I live in Seoul, Korea.
2 My house is in front of the supermarket.
3 I am sitting under a tree.

 **G**

Wumin lives [in] LA, America.
He's [at] his school. He is sitting [on] the bench.
There are many buildings [in] his town.
His school is [behind] the library. The library is [between] the bakery and the fire station.
The fire station is [in][front][of] the post office. The hospital is [next][to] his school.
There is a fire engine [in] the fire station.
He likes his town very much.

 **H**

I live in Beijing, China.
I am at my house.
I am standing in front of the house.
My house is between the park and the bookstore.
The police station is behind the park.
The post office is next to the police station.
The bookstore is in front of the bank.

 **UNIT 06**

pp.54~58

 **C**

1 well   2 slowly   3 very   4 really

 **D**

1 My dog runs very quickly.
2 The actress walks beautifully.
3 They wake up early in the morning.

 **E**

Translation

우리 집 근처에는 좋은 이웃들이 있다.
로널드 씨는 옆집에 산다.
그는 매우 다정하게 미소를 짓는다.
이 여사는 천천히 걷는다.
하지만 말은 아주 빨리 한다.
데이빗과 수잔은 우리 뒷집에 산다.
데이빗은 정말 재미있는 남자아이다.
수잔은 아주 사랑스럽게 생겼다.
존스 부인은 우리 앞집에 산다.
그녀는 초콜릿 쿠키를 잘 구울 수 있다.
우리 이웃들은 아주 친절한 사람들이다.

I have good neighbors near my house.
Mr. Ronald lives next door.
He smiles very nicely.
Mrs. Lee walks slowly.
But she speaks very quickly.
David and Susan live behind my house.
David is a really funny boy. Susan looks so lovely.
Ms. Jones lives in front of my house.
She can bake chocolate cookies well.
My neighbors are very kind people.

 **F**

1 David is a really funny boy.
2 My neighbors are very kind people.
3 Mrs. Lee walks slowly.

 **G**

Jongeun has [good] neighbors near her house.
Ms. Park lives next door.
She dresses [beautifully].
Mr. McFinn speaks [slowly].
But he runs [fast].
John and Nancy live in front of her house.
John is a [very] quiet boy.
Nancy is a [really] pretty girl.
Mrs. Ming lives behind her house.

She cooks Chinese food ┆ well ┆.
My neighbors are ┆ so ┆ nice.

H

I have good neighbors near my house.
Mr. Kim lives next door.
He is a very funny man.
Ms. Shin smiles really nicely.
But she speaks very loudly.
Junho and Mina live in front of my house.
Thay look very smart.
Mrs. Lee lives behind my house.
She speaks nicely.
My neighbors are very good people.

로라는 내 옆에 앉아 있다. 그녀는 정말 조용한 여자아이다.
마이크는 내 뒤에 앉아 있다. 그녀는 말이 아주 빠르다.
팸은 내 앞에 앉아 있다. 그녀는 매우 예쁘다.
나는 우리 선생님이 좋다. 그는 다정하게 미소 지으신다.
우리는 매일 9시에 공부하기 시작한다.

Unit 04~06
REVIEW TEST
pp.60~64

A Myself

I am Stacy Park. ₁ I live in Singapore.
₂ I was born in 2004. ₃ My birthday is on July 3.
I am very tall and thin. I go to SIS elementary
school.
I have good classmates. I know them well.
₄ Laura sits next to me. She is a really quiet girl.
Mike sits behind me. ₅ He speaks so quickly.
Pam sits in front of me. ₆ She is very pretty.
I like my teacher. He smiles nicely.
₇ We start studying at 9 o'clock every day.

스테이시의 옆 자리와 앞 자리 친구 Laura - a really quiet girl
Pam - very pretty

Words be born 태어나다 birthday 생일 July 7월 sit 앉다
elementary school 초등학교 next to ~의 옆에
quickly 빨리 pretty 예쁜 start + -ing ~하기 시작하다
every day 매일

Translation

나는 스테이시 박이다. 나는 싱가폴에 산다.
나는 2004년에 태어났다. 내 생일은 7월 3일이다.
나는 키가 아주 크고 말랐다. 나는 SIS 초등학교에 다닌다.
내겐 좋은 반 친구들이 있다. 나는 그 애들을 잘 안다.

B Crossword Puzzle

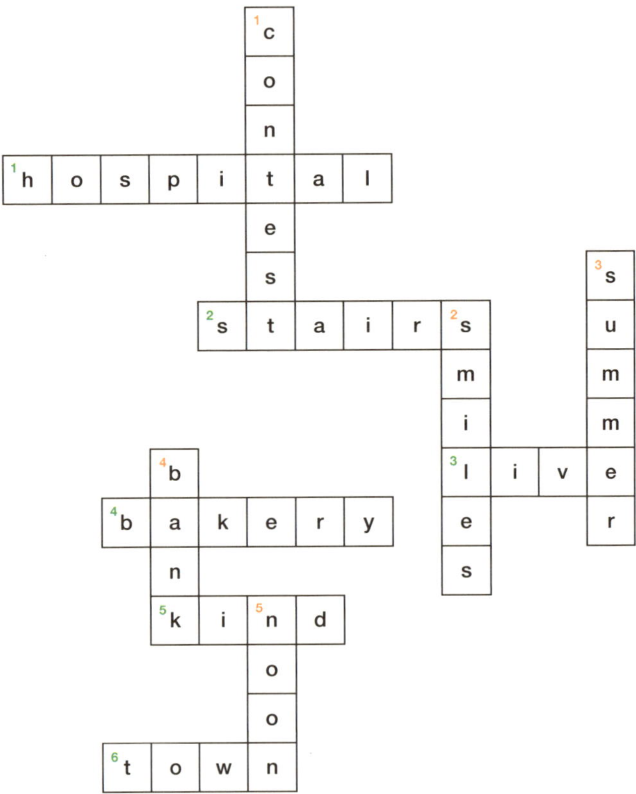

C Match

1 I am sitting — under a tree.
2 It's too — late.
3 The exam is — on August 7.
4 Jane came from — New York.

Words late 늦은 exam 시험 August 8월 come from ~에서 나오
다, ~출신이다

Translation

1 나는 나무 아래에 앉아 있다.
2 너무 늦었다.
3 시험이 8월 7일에 있다.
4 제인은 뉴욕에서 왔다.(출신이다.)

D Picture Description

1 He was born <u>in</u> 2005.

He smiles <u>so</u> <u>nicely</u>.

Words nicely 잘, 기분 좋게

Translation 

그는 2005년에 태어났다. 그는 아주 기분 좋게 웃는다.

2 She lives <u>in</u> Sydney.

She looks <u>very</u> <u>pretty</u>.

Translation

그녀는 시드니에 산다. 그녀는 아주 예쁘다.

3 His birthday is <u>on</u> June 30.

He speaks <u>very</u> <u>fast</u>.

Translation

그의 생일은 6월 30일이다. 그는 아주 빠르게 말한다.

4 Her birthday is <u>on</u> March.

She walks <u>really</u> <u>slowly</u>.

Translation

그녀의 생일은 3월이다. 그녀는 아주 천천히 걷는다.

E Changing Sentences

1 My house is in front of the police station.

2 Jimmy walks slowly.

3 I am sitting under the tree.

4 Diana is so short.

F Making Sentences

1 She is really lovely.

2 The supermarket is between the bank and the school.

3 I studied it for three months.

UNIT 07

pp.66~70

C

1 any   **2** a little   **3** a lot of   **4** some

D

1 I want <u>a little</u> sugar.

2 She won't need <u>any/many</u> coins.

3 Did you buy <u>many/any</u> cookies?

E

Translation 

피터는 훌륭한 제빵사이다.

그에겐 멋진 제과점이 있다.

그는 파이 몇 개와 많은 케이크를 굽는다.

내일 그는 사과 파이 네 개를 구울 것이다.

그에겐 밀가루 조금, 사과 몇 개, 그리고 약간의 설탕이 필요하다.

피터는 케이크 열 개도 구울 것이다.

그에겐 많은 우유와 많은 달걀들, 그리고 많은 밀가루가 필요하다.

하지만 버터는 전혀 필요하지 않을 것이다.

사람들은 그가 만든 맛있는 파이와 케이크를 정말로 좋아한다.

Peter is a great baker.

He has a lovely bakery.

He bakes a few pies and lots of cakes.

Tomorrow he will bake four apple pies.

He needs some flour, a few apples, and a little sugar.

Peter will bake ten cakes, too.

He needs lots of milk, many eggs, and a lot of flour.

But he won't need any butter.

People really love his delicious pies and cakes.

Words great 훌륭한 baker 제빵사 lovely 멋진, 사랑스러운 bakery 제과점 bake 굽다 tomorrow 내일 flour 밀가루 sugar 설탕 egg 달걀 butter 버터 delicious 맛있는

 Plus Tip! 명사 앞 숫자는 명사의 '수'를 나타내는 수량 형용사예요.

F

1 He won't need any butter.
2 He needs lots of milk and many eggs.
3 He bakes a few pies and lots of cakes.

 Plus Tip! 물론 many는 a lot of 또는 lots of와 서로 바꿔 써도 돼요.

G

Kelly is a great baker. She has a lovely bakery.
She bakes many cookies and lots of
bread.
Tomorrow she will bake cookies.
She needs a lot of flour, a few
chocolate chips, and a little butter.
Kelly will bake lots of bread, too.
She needs many eggs, a little salt, and
some water.
But she won't need any sugar.
People really love her delicious cookies and
bread.

H

I am a great baker.
I have a lovely bakery.
I bake many roll cakes and a lot of bread.
Tomorrow I will bake roll cakes.
I need a lot of flour, some milk, and lots of jam.
I will bake lots of bread, too.
I need lots of flour, a little butter, and some
walnuts.
But I won't need any vegetables.
People really love my delicious roll cakes and
bread.

pp.74~78

C

1 often   2 rarely   3 never   4 usually

D

1 My sister always rides a school bus at 8:20 a.m.
2 I am sometimes late for school.
3 He rarely cooks dinner.
4 We often play a computer game after school.

E

Translation 

일주일 동안 내가 하는 일은 많다.
나는 평일에 항상 학교에 간다.
나는 학교에 절대 지각하지 않는다.
나는 종종 저녁을 먹기 전에 피아노 교습을 받는다.
나는 가끔씩 4시 30분에 영어학원에 간다.
나는 저녁에 항상 텔레비전을 본다.
나는 자주 엄마가 밥상을 차리는 것을 돕는다.
나는 저녁에 좀처럼 남동생이랑 놀지 않는다.
나는 보통 밤에 일기를 쓴다.
나는 항상 11시 전에 잠자리에 든다.

There are many things I do during the week.
I always go to school on weekdays.
I am never late for school.
I often have a piano lesson before dinner.
I sometimes go to the English academy at 4:30.
I always watch TV in the evening.
I often help my mother set the table.
I rarely play with my little brother in the evening.
I usually keep a diary at night.
I always go to sleep before 11 o'clock.

F

1 I usually keep a diary at night.
2 I always go to school on weekdays.
3 I am never late for school.

G

There are many things Jessica does during the week.

She [usually] exercises before going to school.
She is [never] late for school.
She [often] goes to the math academy.
Jessica [rarely] goes to the library.
She [always] practices the flute every day.
She [sometimes] goes to church.
She [rarely] plays with her friends.
She [never] plays a computer game.
Jessica [sometimes] studies Chinese.

H

There are many things I do during the week.
I never exercise in the morning.
I always study English before breakfast.
I usually play soccer after school.
I often go to the art academy at 3:45.
I sometimes visit my friend's house before dinner.
I always play with my sister in the evening.
I rarely read books.
I often keep diary at night.
I always go to bed at 10:30.

UNIT 09

pp.82~86

C

1 older than
2 most beautiful
3 slower than
4 the best

D

1 It was <u>more expensive</u> than the blue one.
2 The weather is <u>hotter</u> than yesterday.
3 Fred is <u>the biggest</u> boy.
4 She is <u>the most beautiful</u> woman.

E

Translation

내 친구 엘렌은 나보다 키가 작다.
하지만 피터는 나보다 키가 크다.
피터는 우리 학교에서 가장 키가 크고 덩치도 가장 크다.
제시카가 가장 예쁘다.
그녀는 대개 가장 예쁜 옷을 입는다.
론은 아주 빨리 달린다.
그는 내 모든 친구들보다 빠르다. 그가 가장 빠르다.
케빈에겐 자전거가 있다. 그건 내 것보다 더 새 것이다.
나에게도 자전거가 있다. 내 것은 케빈 것보다 더 오래된 것이다.
하지만 난 내 자전거를 아주 좋아한다.
그것은 세상에 있는 다른 어떤 자전거보다 더 좋다.

My friend Allen is shorter than I am.
But Peter is taller than me.
Peter is the tallest and the biggest in our school.
Jessica is the prettiest.
She usually wears the most beautiful clothes.
Ron runs very fast.
He is faster than all my friends. He is the fastest.
Kevin has a bike. It is newer than mine.
I have a bike, too. It is older than Kevin's.
But I like my bike very much.
It is better than any other bike in the world.

F

1 He is the fastest.
2 It is newer than mine.
3 Peter is the biggest in our school.

G

My friend Nick is [smaller] [than] I am.
But Jeff is [bigger] [than] me.
Jeff is [the] [biggest] and [the] [smartest] in our school.
Kelly is the [most] [famous] girl. She is pretty and funny.
Ryan has a puppy. It is [smaller] [than] my rabbit.
It is [the] [smallest] puppy in the world.

Linda has a laptop computer. It is ┆ more ┆ ┆ expensive ┆ than mine.
I have a laptop computer, too. It is ┆ cheaper ┆ ┆ than ┆ Linda's.
But I like my computer very much.
It is ┆ lighter ┆ ┆ than ┆ Linda's computer.

Words smartest 가장 똑똑한 famous 유명한, 인기 있는 funny 재미있는 puppy 강아지 rabbit 토끼 laptop computer 노트북 컴퓨터 expensive 비싼 cheaper 더 싼 lighter 더 가벼운

H

My friend Joe is older than I am.
But Max is younger than me.
Max is the tallest and the heaviest in our school.
Grace is the most beautiful girl in our school.
Heather has the finest violin.
Justin's smartphone is newer than mine.
My smartphone is older than Justin's.
But I like my smartphone very much.
It is better than Justin's smartphone.

Unit 07~09
REVIEW *TEST*

pp.88~92

A Our Pets

1 Our family has many pets.
We have two parrots, a dog, four goldfish, and two cats.
2 My father usually feeds the pets.
3 The dog is the biggest pet.
4 It always eats a lot of food.
My mother sometimes talks with the parrots.
5 They often sing a song.
My sister rarely cleans the goldfish tank.
So it is dirty. But goldfish are the prettiest.
I always play with our two cats.
6 They are smarter than our dog.
We all love our pets very much. They're the best.

진희네 애완동물 중에서 가장 예쁘게 생긴 동물 goldfish

Words pet 애완동물 feed 음식을 먹이다, 먹이를 주다 smart 영리한

우리 가족에겐 애완동물들이 많다.
우리는 앵무새 두 마리, 개 한 마리, 금붕어 네 마리, 고양이 두 마리가 있다.
보통은 우리 아빠가 애완동물에게 먹이를 주신다.
개가 가장 큰 애완동물이다.
그것은 항상 먹이를 많이 먹는다.
우리 엄마는 이따금 앵무새들과 이야기를 나누신다.
그들은 종종 노래를 부른다.
우리 언니는 좀처럼 금붕어 어항을 청소하지 않는다.
그래서 어항은 더럽다. 하지만 금붕어들은 제일 예쁘다.
나는 항상 고양이 두 마리랑 논다.
그들은 개보다 더 영리하다.
우리는 모두 우리 애완동물들을 무척 사랑한다. 그들이 가장 좋다.

B Unscramble the Words

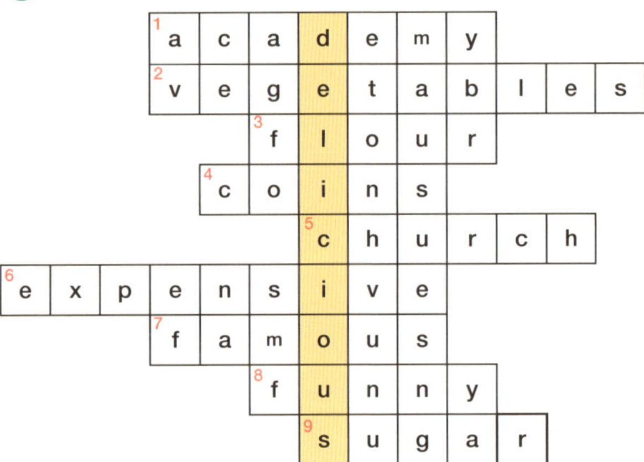

노란 칸의 단어 **delicious** 맛있는

C Match

1 **It is** 가장 최악의 영화 • • little money.
2 **There is** 거의 없는 돈 • • drinks milk.
3 **She rarely** 우유를 마시다 • • the worst movie.
4 **This bike is** 내 것보다 새 것 • • newer than mine.

Words the worst 가장 나쁜 movie 영화 rarely 좀처럼 ~ 않는 bike 자전거 mine 내 것

1 그것은 가장 최악의 영화이다.
2 돈이 거의 없다.
3 그녀는 좀처럼 우유를 마시지 않는다.
4 이 자전거는 내 것보다 더 새 것이다.

D Picture Description

1 She bakes <u>a few</u> pies.
   There <u>isn't</u> any flour.
   She needs <u>much/a lot of/lots of</u> flour.

Translation

그녀는 파이를 몇 개 굽는다. 밀가루가 조금도 없다. 그녀는 밀가루가 많이 필요하다.

 Plus Tip! any는 some과 마찬가지로 어떤 것의 일부를 나타낼 때 쓰이는 말이지만, some과 달리 부정문이나 의문문에서 사용돼요.

2 He <u>often</u> has a violin lesson.
   He <u>rarely</u> goes to the math academy.
   He <u>always</u> has an art lesson.

 Words violin lesson 바이올린 교습 art lesson 미술 교습

Translation

그는 종종 바이올린 교습을 받는다. 그는 수학학원에는 거의 가지 않는다. 그는 항상 미술 교습을 받는다.

3 There isn't <u>any</u> bread.
   There are <u>some</u> carrots.
   She <u>usually</u> eats vegetables.

 Words carrot 당근 vegetable 채소

Translation

빵이 하나도 없다. 당근이 약간 있다. 그녀는 보통 채소를 먹는다.

4 Nancy is the shortest.
   Susan is <u>shorter</u> than Jeff.
   Jeff is the <u>tallest</u>.

Translation

낸시는 제일 키가 작다. 수잔은 제프보다 키가 작다. 제프는 제일 키가 크다.

E Changing Sentences

1 There isn't any butter.
2 He often watches TV.
3 They were faster than me.
4 It is the most expensive smartphone.
5 There aren't any pencils.

6 I never read books.
7 She is more beautiful than Jane.

F Making Sentences

1 I usually make my bed.
2 She cooked some soup.
3 He is the oldest boy.

UNIT 10

pp.94~98

C

1 Jumping   2 doing   3 going   4 cooking

D

1 His hobby is <u>collecting</u> stickers.
2 I finished <u>cleaning</u> my room.
3 <u>Running</u> in the classroom is dangerous.
4 I am good at <u>playing</u> the computer game.

E

Translation

나는 라이언이다. 나는 12살이다.
나는 밖에서 아이들과 공놀이하는 것을 좋아하지 않는다.
나는 집 안에 있는 것을 좋아한다.
내 취미는 그림을 그리는 것과 인터넷을 검색하는 것이다.
나는 만화 캐릭터를 잘 그린다.
나는 이야기 쓰는 것도 즐겨한다.
인터넷을 통해 정보를 찾는 것도 재미있다.
거기서 많은 정보를 얻을 수 있다.
집에서 지내는 것은 즐겁다.

I'm Ryan. I am twelve years old.
I don't like playing ball outside with kids.
I like staying inside the house.
My hobby is drawing pictures and surfing the Internet.
I am good at drawing cartoon characters.
I enjoy writing stories.
Finding information through the Internet is fun.

I can get a lot of information there.
Staying home is enjoyable.

1 I am good at drawing.
2 Staying home is enjoyable.
3 I enjoy writing stories.

I'm Jieun. I am ten years old.
I don't like staying inside the house.
I like doing activities outside.
My hobby is collecting four-leaf clovers and
riding a skateboard.
I am good at finding four-leaf clovers.
I enjoy looking at plants.
Riding a skateboard is exciting.
I can exercise a lot.
Doing activities outside is enjoyable.

I'm Peter.
I am twelve years old.
I don't like playing ball outside with kids.
I like going to the museum.
My hobby is getting information about dinosaurs.
I enjoy collecting model dinosaurs.
Getting to know dinosaurs is enjoyable.

UNIT
11

pp.102~106

1 to play   2 To bake   3 to travel   4 to visit

1 To make pizza is easy.
2 My hobby is to climb mountains.
3 To learn Chinese is difficult.
4 She wants to dance on the stage.

Translation

이제 나는 5학년이 될 것이다.
내 계획은 공부를 열심히 하고 운동도 더 많이 하는 것이
다.
나는 방과 후에 도서관에 가기로 결심했다.
책을 많이 읽는 것은 아주 중요하다.
건강한 몸을 유지하는 것도 중요하다.
나는 달리기를 좋아한다. 그래서 매일 달릴 것이다.
내 꿈은 비행기 조종사가 되는 것이다.
나는 비행기를 타고 세계 곳곳을 여행하고 싶다.
나는 멋진 5학년생이 될 것이다.

Now, I am going to be a fifth grader.
My plan is to study hard and to exercise more.
I decided to go to the library after school.
To read many books is very important.
To keep a healthy body is important, too.
I like to run. So I will run every day.
My dream is to become a pilot.
I want to fly an airplane and travel around the
world.
I'm going to be a great fifth grader.

1 To read books is very important.
2 I want to travel.
3 My plan is to study hard.

Now I am going to be a sixth grader.
My plan is to practice the piano more
and to become taller. I decided to
practice the piano two hours every day.
To listen to piano music is important.
To eat balanced meals is important, too.
I want to be tall. So I will drink a lot of
milk.
My dream is to become a pianist. I like
to play the piano for other people.
I'm going to be a great sixth grader.

 **H**

Now I am going to be a fourth grader.

My plan is to learn English and to keep a diary.

I decided to go to the English academy after school.

To speak with native speakers is very important.

To keep a diary is important, too.

I like to read about my own history.

So I will keep a diary every day.

My dream is to become an English teacher.

I want to teach English.

I'm going to be a great fourth grader.

UNIT 12

pp.110~114

 **C**

1 to cook   2 to go   3 to give   4 to read

 **D**

1 We have a few cookies to eat.
2 She got up early to exercise.
3 I am big enough to ride the bike.
4 He has no friends to play with.

Plus Tip! '~와 놀다'라고 하려면 play 다음에 with가 꼭 필요해요. 그래서 friends를 꾸며주는 to play 다음에 with를 써준 거랍니다.

 **E**

Translation

오늘은 나에게 운이 좋은 날이었다.

나는 늦게 일어났다. 그래서 버스를 잡으려고 서둘렀다.

나는 버스에 탔다. 앉을 자리가 하나도 없었다.

그런데 어떤 여자가 버스에서 내리려고 일어났다.

그래서 나는 학교 가는 내내 앉을 수 있었다.

수학 시간에는 숙제 가져와야 하는 것을 잊어버렸다.

하지만 선생님께서는 숙제를 검사할 시간이 없었다.

점심에는 먹을 것이 필요했다.

그런데 돈 가지고 오는 것을 잊어버렸다.

하지만 내 친구가 나눠 먹을 샌드위치를 갖고 있었다.

오늘은 운이 좋은 날이었다!

Today was a lucky day for me.

I woke up late. So I hurried to catch the bus.

I got on the bus. There were no seats to sit on.

But a woman stood up to get off the bus.

So I could sit all the way to school.

During the math class, I forgot to bring my homework.

But the teacher had no time to check the homework.

At lunch time, I needed something to eat.

But I forgot to bring money.

But my friend had a sandwich to share.

Today was a lucky day!

 **Plus Tip!** 동사 forget은 '~을 잊다'라는 뜻으로 뒤에 명사(목적어)가 올 수도 있어요.

F

1 My friend had a sandwich to share.
2 I needed something to eat.
3 A woman stood up to get off the bus.

 **G**

Today was a lucky day for me.

I got up late. So I hurried to ride the school bus. But I missed the school bus. My neighbor saw me and she gave me a ride to school.

During the English class, I opened my bag to find my notebook. There wasn't any notebook.

But my friend gave me a new notebook to write in.

After school, I needed something to eat.

There was nothing to eat at home.

But my aunt came to give me some apple pie.

Today was a lucky day!

Words lucky 운 좋은 get up 일어나다 hurry 서두르다 miss 놓치다 neighbor 이웃사람 give + 사람 + a ride ~를 차에 태워주다 during ~ 동안 find 찾다 notebook 공책 after school 방과 후에 aunt 아주머니, 이모, 고모 apple pie 사과파이

 **H**

Today was a lucky day for me.

I woke up late. So I hurried to go to school.
Sam stopped his bike to give me a ride.
So I wasn't late for school.
During the art class, I forgot to bring my paintbrush.
But the teacher gave me a new paintbrush to paint the picture.
After school, I needed some snacks to eat.
But I had no money to buy them.
But my friend bought me a hot dog to eat.
Today was a lucky day!

Unit 10~12
REVIEW TEST

pp.116~118

 **Christmas Plan**

Next Wednesday is Christmas.
Everyone in our family is going to gather at our grandparents' house.

1 Staying at our grandparents' house is fun and exciting.

2 I like meeting uncles, aunts, and cousins.

3 We enjoy eating Christmas cakes and foods.

To travel to our grandparents' house is not easy.
My dad needs to drive five hours.
So my mother always brings lots of drinks and snacks to eat.

4 My brother always brings pop song CDs to listen to.

5 My plan is to read comic books and do crossword puzzles.

Traveling is always enjoyable.

호영이가 자동차에서 할 계획 read comic books, do crossword puzzles

Words grandparents 조부모 uncle 삼촌 aunt 고모, 이모
cousin 사촌 bring 가져오다 pop song 대중가요
comic book 만화책

Translation

다음 주 수요일은 크리스마스이다.
우리 가족은 모두 할아버지 할머니 댁에 모일 것이다.

할아버지 할머니 댁에서 머무는 건 재미있고 즐겁다.
나는 삼촌과 고모, 사촌들을 만나는 게 좋다.
우리는 크리스마스 케이크와 음식들을 즐겨 먹는다.
할아버지 할머니 댁까지 가는 것은 쉽지 않다.
아빠가 5시간을 운전해야 한다.
그래서 엄마는 항상 먹을 음료수와 간식을 많이 챙겨간다.
우리 형은 항상 들을 대중가요 CD들을 가져간다.
내 계획은 만화책을 읽고 십자말 퍼즐을 푸는 것이다.
여행하는 건 언제나 즐거운 일이다.

B Bingo

tired	즐거운	dream	서둘렀다
좌석들	만화책	important	missed
취미	surprised	exercise	인터넷
lucky	healthy	좋은	grader

1 important
2 서둘렀다
3 grader
4 인터넷
5 취미
6 missed
7 즐거운
8 좌석들
9 surprised
10 lucky

C Correct

1 My dream is to become a pianist.
2 My sister gave me some candies to eat.
3 He decided to go to the library.

Words ride 타다 alone 혼자서

Translation

1 내 꿈은 피아니스트가 되는 것이다.
2 우리 언니가 나에게 먹을 사탕을 좀 줬다.
3 그는 도서관에 가기로 결심했다.

D Picture Description

1 I needed something <u>to</u> drink.
  There is nothing to <u>drink</u>.

Translation

나는 마실 것이 필요했다.
마실 것이 아무것도 없다.

2 <u>To</u> read many books is important.
  My plan is to <u>read</u> three books in a week.

Translation

책을 많이 읽는 것이 중요하다.
내 계획은 일주일에 책을 세 권 읽는 것이다.

3 I'm good at playing the guitar.
  <u>Playing</u> the guitar is fun.

Translation

나는 기타 연주를 잘한다.
기타를 연주하는 것은 재미있다.

4 My hobby is <u>drawing</u> pictures.
  My dream is <u>to</u> become an artist.

Translation

내 취미는 그림 그리기이다.
내 꿈은 화가가 되는 것이다.

E Changing Sentences

1 I am tired of watching TV.
2 Her hobby is to collect stickers.
3 To exercise is really important.
4 She loves drinking milk.
5 He is old enough to travel alone.
6 To ride a bike is exciting.

F Making Sentences

1 My hobby is to watch movies.
2 I enjoy writing stories.
3 She got up early to catch the bus.

차근차근 그래머 & 라이팅 3

저자 | E2K
초판 1쇄 인쇄 | 2015년 8월 24일
초판 1쇄 발행 | 2015년 8월 31일

발행인 | 박효상
총괄이사 | 이종선
편집장 | 김현
기획 · 편집 | 박혜민
디자인 | 손정수
마케팅 | 이태호, 이전희
디지털콘텐츠 | 이지호
관리 | 김태옥

편집 | 강윤혜
디자인 | 신지아

종이 | 월드페이퍼
인쇄 · 제본 | 현문자현

출판등록 | 제10-1835호
발행처 | 사람in
주소 | 121-839 서울시 마포구 양화로11길 14-10(서교동) 4F
전화 | 02) 338-3555(代)   팩스 | 02) 338-3545
E-mail | saramin@netsgo.com
Homepage | www.saramin.com

:: 책값은 뒤표지에 있습니다.
:: 파본은 바꾸어 드립니다.

사람이 중심이 되는 세상, 세상과 소통하는 책 **사람in**